[新版] テコナベーグルワークスの

まいにち食べたいベーグルの本

少しのイーストで **ふかふか**、**もちもち**、**むぎゅむぎゅ** の
3食感が作れる **55** レシピ

テコナベーグルワークス

マイナビ

はじめに

2009年、テコナベーグルワークスが誕生した頃は、
ベーグル専門店はまだまだ珍しく、今のように多くの人に知られていませんでした。

ベーグルの特徴はドーナツのような円形の形と
発酵した生地を一度ゆでてから焼くことで生まれる
もっちりとした、かみごたえのある独特の食感です。
オープン当初はそのおいしさを少しでも多くの人に知ってほしくて、
ベーグルの人気が定着した今は、毎日食べたくなるようなベーグルを届けたいと
テコナならではの味にこだわって日々工夫を重ねています。

テコナのベーグルは食感の違う「ふかふか」「もちもち」「むぎゅむぎゅ」の3種類が基本。
それぞれ種類の異なる小麦粉にイーストや天然酵母を配合しています。
そして3つの生地に合う具材を入れたフレーバーベーグルは、
今までのベーグルのイメージが変わるようなトッピングや味の組み合わせが人気です。

本書では、ご家庭でも作りやすいインスタントドライイーストを使い、ベーグルを手軽に作れるように
アレンジしました。そのどれもがお店の味と変わらない自信をもってお届けできるレシピばかりです。

ベーグルに使用している材料は、とてもシンプルで使うイーストも少しだけ。
オイルを使わないからヘルシーで、さらにもっちりとした独特の食感も生まれ、
毎日食べても飽きることがありません。
「ふかふか」「もちもち」「むぎゅむぎゅ」……
食感もフレーバーも異なる個性のあるテコナのベーグルたち。
生地をこねるのに少し力が必要ですが、お気に入りの味に出会って、
ベーグルのおいしさを感じてもらえたら、こんなにうれしいことはありません。

もくじ

part 1
ふかふかベーグル

ふかふかプレーン p.11

くるみ p.14

くるみ バナナクリーム p.15

チョコチョコ p.18

コーヒーモカ p.18

みるくいちご p.19

アールグレイ 蜜りんご p.22

アールグレイ キャラメルラムレーズン p.22

自家製 漬け込みフルーツ p.23

黒糖カレンツ p.26

あずきかぼちゃ 大納言 p.26

くるくるウインナー p.28

バジルサーモン トマト p.28

ほうれん草 ドライトマト p.30

キャロットレモン p.30

part 2
もちもちベーグル

もちもちプレーン p.33

キャラメル バナナ p.36

クランベリー p.37

ココナッツショコラ p.40

マカダミアナッツ コーヒーチョコ p.41

ドライマンゴー クリームチーズ p.44

いちごグリーン レーズン p.44

シナモン蜜りんご p.45

抹茶アプリコット みるく p.48

黒ごまさつまいも p.49

ソーセージ 粒マスタード p.52

イタリアン p.54

ペパロニチーズ p.54

白ごまベーコン p.55

part 3
むぎゅむぎゅベーグル

| むぎゅむぎゅプレーン p.59 | オレンジショコラ p.62 | レモンピールクリームチーズ p.64 | シナモンシュガー p.65 | 黒豆きな粉 p.68 | 黒ごまあんくるみ p.69 | みそあんくるみ p.69 |

| 抹茶大納言クリーム p.72 | しょうがアップル p.74 | マーマレードクリームチーズ p.76 | ドライカレー p.78 | 肉みそねぎ p.80 | 白ごまツナ p.80 | 青のりチーズ p.80 |

ベーグルサンド

ベーコンエッグマッシュポテト　p.84
鶏のタイ風サンド　p.84
アボカドとサーモンのサンド　p.84
あんバター塩　p.86
クランベリーパインクリーム　p.86
くるみチョコクリーム　p.86

ディップ

ペッパーサラミ　p.88
エッグピクルス　p.88
ドライトマトクリーム　p.88
メイプルミルククリームチーズ　p.89
モンブランクリーム　p.89
ラムレーズンクリームチーズ　p.89

はじめに　p.2
本書で作れるベーグルの特徴　p.6
具材の入れ方　p.8
トッピングのクッキー生地の作り方　p.9
テコナベーグルワークスのお話　p.90
基本の材料　p.93
基本の道具　p.94

本書のきまり
・大さじは 15ml、小さじは 5ml です。
・卵は M サイズを使用しています。
・オーブンの温度や時間は、電気オーブンを使用したときの目安です。ガスオーブンの場合は 190℃で同時間を目安にしてください。また、機種によって焼き上がりに違いが生じるので、目安として調整してください。
・電子レンジの加熱時間は 600W のものです。500W の場合は 1.2 倍の加熱時間を目安に調整してください。また、加熱時間は機種によっても異なることがありますので、様子を見ながら加減してください。
・生地の発酵時間は季節や室温、湿度などで異なることがありますので、必ず生地の状態を確認し、調整してください。

本書で作れるベーグルの特徴

I 食感や風味の違う3種類のベーグル

テコナのベーグルは「ふかふか」「もちもち」「むぎゅむぎゅ」の3種類。食感と風味の違うベーグルが基本になっています。

おいしさを引き出し、お店の味へ近づけるために、この本では粉の種類、水の量、発酵の方法を変え、ご家庭でも作りやすいようにレシピを工夫しました。

「ふかふか」はベーグルを食べ慣れない人にも好まれるやわらかな食感。たっぷり具材をはさむベーグルサンドにも向いています。「もちもち」はほどよい食べごたえとほんの少し加えた全粒粉の香りが際立つベーグルです。「むぎゅむぎゅ」はどっしりとしたドイツパンのような歯ごたえが魅力。生地の力強さはくるくるとひねりを加えた成形にも表れています。

3つのタイプがあることで、ベーグルを初めて食べる人や、生地がぎゅっと詰まったパンが苦手なお子さんにも、喜んでもらえる味があるのではないでしょうか。ぜひ3タイプの食感や粉の風味を確かめて、お気に入りを探してみてください。

ふかふか　　　もちもち　　　むぎゅむぎゅ

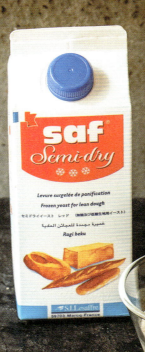

2　インスタントドライイーストを使うから手軽にできる

お店では天然酵母も扱うテコナ。天然酵母は慣れないと扱いや管理が大変なため、本書ではすべてインスタントドライイーストを使っています。ベーグルの発酵に必要なドライイーストは小さじ1/3、1/2というようにほんの少量。計量スプーンを使って、すりきりできちんと量るのが失敗しないコツです。

3　ベーグルの保存は冷凍で

ベーグルは翌日までおいしく食べられますが、長期間保存したい、毎日ベーグルを食べたいときは冷凍保存してください。1個ずつラップにくるんで保存袋に入れて冷凍庫へ。2週間くらい保存可能です。食べるときは自然解凍してからトースターで2〜3分温めれば、外はカリッと食感が戻っておいしくなります。さらに、解凍時間を短縮したい、違う味を少しずつ楽しみたいときは、半分にカットして冷凍するのがおすすめです。

具材の入れ方

どんなふうに具材が出てきたら、食べたときによりおいしく感じられるかを考え、入れ方にバリエーションをつけました。
慣れないうちはたっぷりの具材を巻き込むのは大変ですが、量を少なめにして練習してみてください。

入れ方 A

具材を生地全体に練り込む入れ方。まんべんなく混ざるようにこねる段階で入れる。

1 生地を5分ほどこね、8割くらいこね上がったら、丸く平らにまとめ、中央に具材をのせる。

2 周りの生地を引っぱりながら、具材の上にのせては手の腹で押して包み、生地に練り込む。

3 生地をこねるときと同様に両手の腹を使い、体重をかけて具材を練り込む。途中で具材が飛び出したら、生地に戻しながら、3〜5分ほどこねる。

4 生地の全体にまんべんなく具材が混ざり、生地がこね上がったらでき上がり。

入れ方 B

1種類の具材が生地の真ん中あたりにくるように巻き込む入れ方。成形の段階で入れる。

1 生地の奥側に具材を置く。端から1cmくらいあけて、具材をくっつけ、すき間が出ないように横に並べる。

2 両手で生地と具材を押さえながら、手前に巻く。

3 くるんと巻いたら、すき間ができないように両手の親指でぎゅっと押すようにする。

4 巻いているうちに具材が出ないように、両脇の生地を押して包む。

5 3を繰り返して棒状に最後まで巻き、巻き終わりを下にして置く。

入れ方 C

数種類の具材が生地の真ん中あたりにくるように巻き込む入れ方。成形の段階で入れる。

1 生地の奥側に具材を置く。端から1cmくらいあけて、具材を重ねるように並べる。

2 奥の生地を手前に引っぱるようにして1回巻く。

3 巻いているうちに具材が出ないように、両脇の生地を押して包む。

4 1回巻いてはすき間ができないように両手の親指でぎゅっと押すようにする。繰り返して棒状に巻き、巻き終わりを下にして置く。

トッピングのクッキー生地の作り方

仕上げにクッキー生地をトッピングして焼くと、サクサクとした食感がプラスされ、見た目も華やかに。たくさん作って冷凍保存しておくと便利。

入れ方 D

具材が渦巻き状になるように巻き込む入れ方。成形の段階で入れる。

1 生地の半分くらいの位置に具材を散らすように置く。生地の全体に置いてしまうと巻き終わりに具材がはみ出しやすいので注意する。

2 生地の奥から手前に細く1回巻く。

3 巻いているうちに具材が出ないように、両脇の生地を押して包む。

4 1回巻いてはすき間ができないように両手の親指でぎゅっと押すようにする。繰り返して棒状に巻き、巻き終わりを下にして置く。

プレーンクッキー生地

材料（作りやすい分量）
バター（食塩不使用）== 130 g
グラニュー糖== 130 g
A [薄力粉== 200 g
    塩== 1 g
    シナモンパウダー== 1 g]

下準備
＊Aは合わせてふるっておく。

1 バターを室温に戻し、ボウルに入れて泡立て器で混ぜてほぐす。

2 グラニュー糖を加え、泡立て器でバターとすり混ぜる。グラニュー糖が完全に混ざり、白っぽくなるまで混ぜる。

3 Aを加えて練らないように、ゴムべらで押しつけるようにさっくりと混ぜる。

ココアクッキー生地

材料（作りやすい分量）
バター（食塩不使用）== 110 g
グラニュー糖== 110 g
A [薄力粉== 150 g
    ココアパウダー
    （砂糖不使用）== 9 g
    塩== 1 g]

下準備、作り方はプレーンクランブルを参照して同じ要領で作る。

4 手でひとまとめにする。

5 1枚のラップを台に敷き、4を置いて手で軽くつぶす。別のラップを上からかけ、めん棒で1mmの厚さを目安にのばす。

6 冷凍庫に入れ、冷やし固める。完全に凍結したらラップをはずし1cm角に包丁で切る、または手で割ってもよい。保存容器に入れ、冷凍庫で1カ月半保存可能。

part 1
ふかふかベーグル

一次発酵なしで作れて、生地もこねやすいのが特徴です。
ふかふかの食感は食べやすく、たっぷりと具をはさむ
サンドイッチなどにも最適のベーグルです。

基本のふかふかプレーンの作り方

材料 （直径8〜9cm・4個分／6個分）

[生地]
A	最強力粉（ゴールデンヨット）	300g／**500g**
	塩	4g／**6g**
	インスタントドライイースト	小さじ1/3／**小さじ1/2**
はちみつ		11g／**18g**
水		168g／**280g**

下準備
＊最強力粉をふるいにかける。

> **粉について**
>
> **ゴールデンヨット**
>
> 最強力粉。一般的な強力粉に比べて、のびがよく、食パンなどにも多く使用される粉。ふわふわの食感とボリューム感のある仕上がりが特徴。

＊写真は6個分ですが、どちらかお好みの個数を選んで作ってください。

作り方

準備する

1 ボウルにAを入れ、中央にくぼみを作ってはちみつ、水を順に加える。

混ぜる

2 片手でボウルを回しながら、手の腹を使ってしっかり粉をつかみ、体重をかけながら混ぜる（①）。粉っぽさがなくなったらひとつにまとめる。すべり止めマットを敷いた台の上に移す（②）。

こねる

3 両手の親指のつけ根や手の腹を使って、体重をしっかりとかけて、生地を折りたたみながら8〜10分ほどこねる（①）。粉玉がなくなり、表面がツルツルとしてきたらこね上がり（②）。

休ませる

4 こね上がった生地をひとつに丸くまとめ、とじ目を下にして固く絞ったぬれ布巾をかけて3分ほど室温で休ませる。こうすると生地の余分な力が抜けて分割しやすくなる。

分割

5 布巾を取り、台の上でスケッパー（P94）を使って生地を6分割する（①）。スケールを使い、生地の全体量を測ってから1個分の重さを割り出し、同じ重さになるように分割する（②）。

6 分割した生地は表面が張るように、切り口を中に入れながら丸める。

休ませる

7 とじ目を下にして、6を台に並べ、固く絞ったぬれ布巾をかけて3分ほど室温で休ませる。こうすると生地の余分な力が抜けて成形しやすくなる。

成形

8 3分経ったら、手で軽く押して平らにする（①）。生地のとじ目を上にして台に置き直す（②）。生地の中央から上下にめん棒を使い、13×20cmくらいの長方形にのばす（③）。巻き終わりになる下の部分は薄くなるようにのばしておく（④）。

成形

9 生地の奥から手前に向かって巻く。巻いた生地を両手の親指で押すようにぎゅっと巻いて棒状にする（①）。巻き終わりが下になるように台に並べ（②）、固く絞ったぬれ布巾をかけて、室温で3分ほど休ませる（③）。

成形

10 9を軽く両手で転がしてのばし、巻き終わりの線を上にして、手の腹で片方の生地の端を押して平らにつぶす（①）。つぶした部分の生地が乾いていたら、ぬれ布巾でたたいてしっとりさせる（②）。

成形

11 巻き終わりの線を内側にして円形にし、両端を重ねる（①）。生地を持って裏返し、平らにした端の生地でもう片方の端を包む（②）。包んだ生地の両端を合わせ、しっかりと生地をつまんで口が閉じるようにする（③）。成形できたらオーブンシートを敷いた天板に置く（④）。

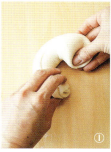   

発酵

12 11に固く絞ったぬれ布巾をかけてオーブンの発酵機能を使い、40℃で30分を目安に発酵させる。発酵すると全体にふんわりと膨らむ。

ゆでる

13 口の広い鍋にたっぷりの湯をわかし、はちみつ（分量外）を加えてよく混ぜる。はちみつはお湯1ℓに対して大さじ1を加える。はちみつでコーティングすると、焼いたときに糖分が溶けてきれいな焼き色になる。

ゆでる

14 鍋底に細かい泡が立つようになったらゆでるのに適した温度のサイン（①）。ベーグルをスケッパーでやさしく取り、鍋にどんどん入れる（②）。ここでベーグルが沈む場合は、発酵が足りないため、すぐに湯から引き上げて再度発酵させる。揚げ網でベーグルの上下を返しながら30秒ゆでる。ベーグルの下に網を入れ、反転させるようにやさしく返す（③）。

ゆでる

15 湯から引き上げ、天板に並べる。

焼成

16 200℃に予熱したオーブンに入れ、15分焼き、天板の前後を入れ替えてさらに様子を見て6〜7分焼く。天板の位置を変えると焼きムラのないきれいなベーグルになる。

17 焼き上がったらすぐに取り出し、ケーキクーラーなどにのせて冷ます。ベーグルの裏側がきちんと焼けていれば焼き上がり。焼けていない場合はさらに焼き時間を延ばす。冷めたらすぐにラップをかけ、乾燥を防ぐ。

くるみ
作り方→16ページ

くるみバナナクリーム
作り方→17ページ

くるみ

walnut

くるみの香ばしさが食欲を誘います。そのままはもちろん、軽くトーストしてクリームチーズやはちみつを塗って食べるのもおすすめ。

材料（直径8〜9cm・4個分）

[生地]

A
- 最強力粉（ゴールデンヨット）===300g
- 塩===4g
- インスタントドライイースト===小さじ1/3

はちみつ===11g
水===168g
くるみ===26g

下準備
＊最強力粉をふるいにかける。
＊くるみは160℃のオーブンで10分焼いて冷まし、適当な大きさに手でくだく。

作り方

準備する
1 ボウルにAを入れ、中央にくぼみを作ってはちみつ、水を順に加える。

混ぜる
2 手で混ぜ、粉っぽさがなくなったらひとつにまとめて台の上に移す。

こねる
3 粉玉がなくなるように両手で5分ほどしっかりこね、入れ方A（P8）を参照し、8割こね上がったらくるみを加えてさらに3〜5分ほどこねる。くるみが全体に混ざり、表面がツルツルとしてきたらこね上がり。

休ませる
4 生地を丸くまとめて台に置き、固く絞ったぬれ布巾をかけて3分ほど室温で休ませる。

分割
5 スケッパーで生地を4分割する。スケールを使い、同じ重さになるように分割する。
6 5の表面が張るように、切り口を下にして丸める。

休ませる
7 6に固く絞ったぬれ布巾をかけて3分ほど室温で休ませる。

成形
8 7を手で軽く押して平らにする。生地のとじ目を上にして台に置き直し、めん棒を使って、長方形にのばす。
9 奥から手前に巻いて棒状にする。固く絞ったぬれ布巾をかけて、室温で3分ほど休ませる。
10 9を転がしてのばし、巻き終わりの線を上にして、手の腹で生地の端を押して平らにつぶす。
11 巻き終わりの線を内側にし、生地の両端を合わせ、平らにした端でもう片方の端を包む。包んだ生地の両端をつまんで合わせ、しっかり口を閉じる。

発酵
12 固く絞ったぬれ布巾をかけてオーブンを使い、40℃で30分を目安に発酵させる。

ゆでる
13 鍋にたっぷりの湯をわかし、はちみつ（分量外）を加える。
14 鍋底に細かい泡が立ったら12を入れ、ベーグルの上下を返しながら30秒ゆでて引き上げる。
15 14をオーブンシートを敷いた天板に並べる。

焼成
16 200℃に予熱したオーブンに入れ、15分焼き、天板の前後を入れ替えてさらに6〜7分焼く。
17 焼き上がったらすぐに取り出し、ケーキクーラーなどにのせて冷ます。

くるみバナナクリーム

walnut banana cream

ブランデーに漬け込んだドライのバナナは香りもよく、クリームチーズともよく合います。クッキー生地のサクサクとした食感も楽しめるベーグルです。

材料（直径8〜9cm・4個分）
[生地]
A ┌ 最強力粉（ゴールデンヨット）===300g
　├ 塩===4g
　├ インスタントドライイースト===小さじ1/3
　└ 三温糖===12g
はちみつ===11g
水===168g
くるみ===26g
[フィリング]
バナナダイスのブランデー漬け（下記）===60g
クリームチーズ===60g
[仕上げ]
プレーンクッキー生地（P9）===40g
ざらめ===12g

下準備
＊最強力粉をふるいにかける。
＊くるみは160℃のオーブンで10分焼いて冷まし、適当な大きさに手でくだく。

バナナダイスのブランデー漬け
材料（作りやすい分量）
ドライバナナダイス　250g
ブランデー（VO）　80g
はちみつ　50g
作り方
保存容器に材料をすべて入れ、よく混ぜる。落としラップ（P33）をして冷蔵庫に入れ、1日に1回下から混ぜて、3日間漬けたらでき上がり。残りは保存容器に入れ、冷蔵庫で1カ月保存可能。

作り方
準備する
1　ボウルにAを入れ、中央にくぼみを作ってはちみつ、水を順に加える。
混ぜる
2　手で混ぜ、粉っぽさがなくなったらひとつにまとめて台の上に移す。
こねる
3　粉玉がなくなるように両手で5分ほどしっかりこね、入れ方A（P8）を参照し、8割こね上がったらくるみを加えてさらに3〜5分ほどこねる。くるみが全体に混ざり、表面がツルツルとしてきたらこね上がり。
休ませる
4　生地を丸くまとめて台に置き、固く絞ったぬれ布巾をかけて3分ほど室温で休ませる。
分割
5　スケッパーで生地を4分割する。スケールを使い、同じ重さになるように分割する。
6　5の表面が張るように、切り口を下にして丸める。
休ませる
7　6に固く絞ったぬれ布巾をかけて3分ほど室温で休ませる。
成形
8　7を手で軽く押して平らにする。生地のとじ目を上にして台に置き直し、めん棒を使って、長方形にのばす。

9　入れ方C（P8）を参照して生地の奥側にクリームチーズ15g、バナナダイスのブランデー漬け15gを重ねるように置き、手前に向かって巻いて棒状にする。固く絞ったぬれ布巾をかけて、室温で3分ほど休ませる。
10　9を転がしてのばし、巻き終わりの線を上にして、手の腹で生地の端を押して平らにつぶす。
11　巻き終わりの線を内側にし、生地の両端を合わせ、平らにした端でもう片方の端を包む。包んだ生地の両端をつまんで合わせ、しっかり口を閉じる。
発酵
12　固く絞ったぬれ布巾をかけてオーブンを使い、40℃で30分を目安に発酵させる。
ゆでる
13　鍋にたっぷりの湯をわかし、はちみつ（分量外）を加える。
14　鍋底に細かい泡が立ったら12を入れ、ベーグルの上下を返しながら30秒ゆでて引き上げる。
15　14をオーブンシートを敷いた天板に並べる。
焼成
16　15にプレーンクッキー生地10gずつ、ざらめ3gずつをふり、200℃に予熱したオーブンに入れ、15分焼き、天板の前後を入れ替えてさらに6〜7分焼く。
17　焼き上がったらすぐに取り出し、ケーキクーラーなどにのせて冷ます。

ふかふか・甘い系　17

coffee

生地によくなじむインスタントコーヒーと、食感と香りが魅力の挽いたコーヒー豆を使用。チョコの甘さとコーヒーのほろ苦さが絶妙です。

mocha

コーヒーモカ

作り方→20ページ

チョコチョコ

作り方→20ページ

chocolate

生地に練り込んだチョコレートと、生地でくるんだチョコレート。2種類を合わせた濃厚な味は、チョコ好きにはたまりません。

chocolate

みるくいちご
作り方→21ページ

strawberry

いちごの酸味とホワイトチョコの甘さがベストバランス。子どもから大人までみんなに愛されるやさしい味です。

milk

チョコチョコ

材料（直径8〜9cm・4個分）
[生地]
A ┌ 最強力粉（ゴールデンヨット）===300g
　├ 塩===4g
　├ インスタントドライイースト===小さじ1/3
　├ 三温糖===13g
　└ ココアパウダー（砂糖不使用）===15g
はちみつ===11g
水===180g
クーベルチュールチョコフレーク===20g
[フィリング]
チョコレートチャンク===16個
[仕上げ]
アーモンド===4個

下準備
＊最強力粉とココアパウダーを合わせてふるいにかける。
＊クーベルチュールチョコフレークは使う直前まで冷蔵庫でよく冷やしておく。

作り方
準備する
1　ボウルにAを入れ、中央にくぼみを作ってはちみつ、水を順に加える。
混ぜる
2　手で混ぜ、粉っぽさがなくなったらひとつにまとめて台の上に移す。
こねる
3　粉玉がなくなるように両手で5分ほどしっかりこね、入れ方A（P8）を参照し、8割こね上がったらクーベルチュールチョコフレークを加えてさらに3〜5分ほどこねる。チョコフレークが全体に混ざり、表面がツルツルとしてきたらこね上がり。
休ませる
4　生地を丸くまとめて台に置き、固く絞ったぬれ布巾をかけて3分ほど室温で休ませる。
分割
5　スケッパーで生地を4分割する。スケールを使い、同じ重さになるように分割する。
6　5の表面が張るように、切り口を下にして丸める。
休ませる
7　6に固く絞ったぬれ布巾をかけて3分ほど室温で休ませる。
成形
8　7を手で軽く押して平らにする。生地のとじ目を上にして台に置き直し、めん棒を使って、長方形にのばす。
9　入れ方B（P8）を参照して生地の奥側にチョコレートチャンク4個を置き、手前に向かってくるくると巻いて棒状にする。固く絞ったぬれ布巾をかけて、常温で3分ほど休ませる。
10　9を転がしてのばし、巻き終わりの線を上にして、手の腹で生地の端を押して平らにつぶす。
11　巻き終わりの線を内側にし、生地の両端を合わせ、平らにした端でもう片方の端を包む。包んだ生地の両端をつまんで合わせ、しっかり口を閉じる。
発酵
12　固く絞ったぬれ布巾をかけてオーブンを使い、40℃で30分を目安に発酵させる。
ゆでる
13　鍋にたっぷりの湯をわかし、はちみつ（分量外）を加える。
14　鍋底に細かい泡が立ったら12を入れ、ベーグルの上下を返しながら30秒ゆでて引き上げる。
15　14をオーブンシートを敷いた天板に並べる。
焼成
16　15にアーモンドを1個ずつのせて200℃に予熱したオーブンに入れ、15分焼き、天板の前後を入れ替えてさらに6〜7分焼く。
17　焼き上がったらすぐに取り出し、ケーキクーラーなどにのせて冷ます。

クーベルチュールチョコフレーク
脂肪分が多く、なめらかなクーベルチュールチョコレートを細かい薄片状にしたもの。溶けやすいので冷やして使うのがポイント。

チョコレートチャンク
チャンクとは「粗く刻む」の意味で、チップやフレークよりも大きいものを指す。

コーヒーモカ

材料（直径8〜9cm・4個分）
[生地]
A ┌ 最強力粉（ゴールデンヨット）===300g
　├ 塩===4g
　├ インスタントドライイースト===小さじ1/3
　├ 三温糖===13g
　├ インスタントコーヒー===3g
　└ 挽いたコーヒー豆===3g
はちみつ===11g
水===150g
[フィリング]
クーベルチュールチョコフレーク===60g
[仕上げ]
ココアクッキー生地（P9）===40g

下準備
＊最強力粉をふるいにかける。
＊クーベルチュールチョコフレークは使う直前まで冷蔵庫でよく冷やしておく。

作り方
表記以外はチョコチョコを参照して同様に作る。
こねる
3　粉玉がなくなるように両手で8〜10分ほどしっかりこねる。表面がツルツルとしてきたらこね上がり。
成形
9　入れ方D（P9）を参照して生地の半分くらいにクーベルチュールチョコフレーク15gを散らし、手前に向かってくるくると巻いて棒状にする。固く絞ったぬれ布巾をかけて、室温で3分ほど休ませる。
焼成
16　15にココアクッキー生地10gずつをのせて200℃に予熱したオーブンに入れ、15分焼き、天板の前後を入れ替えてさらに6〜7分焼く。

インスタントコーヒー
手軽にコーヒーの香りと味を取り入れられるのがインスタントのコーヒー粉。生地に混ぜて使うため、なじみやすい粒の細かいタイプがおすすめ。

挽いたコーヒー豆
ドリップ用に挽いたコーヒー豆。生地に混ぜても粒が残るため、かみしめると苦みや香りがアクセントになる。

みるくいちご

材料（直径8〜9cm・4個分）
[生地]
A ┌ 最強力粉（ゴールデンヨット）===300g
　 │ 塩===4g
　 │ インスタントドライイースト===小さじ1/3
　 └ 三温糖===13g
はちみつ===11g
水===168g
セミドライいちご（ホール）===50g
[フィリング]
ホワイトチョコレートチップ===72g

下準備
＊最強力粉をふるいにかける。
＊セミドライいちごを2〜3等分にカットする（下記）。

セミドライいちごのカットの仕方
キッチンばさみを使い、適当な大きさにそろえながらカットする。包丁のように刃にフルーツがつくこともなく、スピーディに作業できる。

作り方
準備する
1　ボウルにAを入れ、中央にくぼみを作ってはちみつ、水を順に加える。
混ぜる
2　手で混ぜ、粉っぽさがなくなったらひとつにまとめて台の上に移す。
こねる
3　粉玉がなくなるように両手で5分ほどしっかりこね、入れ方A（P8）を参照し、8割こね上がったらセミドライいちごを加えてさらに3〜5分ほどこねる。セミドライいちごが全体に混ざり、表面がツルツルとしてきたらこね上がり。
休ませる
4　生地を丸くまとめて台に置き、固く絞ったぬれ布巾をかけて3分ほど室温で休ませる。
分割
5　スケッパーで生地を4分割する。スケールを使い、同じ重さになるように分割する。
6　5の表面が張るように、切り口を下にして丸める。
休ませる
7　6に固く絞ったぬれ布巾をかけて3分ほど室温で休ませる。
成形
8　7を手で軽く押して平らにする。生地のとじ目を上にして台に置き直し、めん棒を使って、長方形にのばす。
9　入れ方D（P9）を参照して生地の半分くらいの位置に、ホワイトチョコレートチップ18gを散らすように置き、手前に向かってくるくると巻いて棒状にする。固く絞ったぬれ布巾をかけて、室温で3分ほど休ませる。
10　9を転がしてのばし、巻き終わりの線を上にして、手の腹で生地の端を押して平らにつぶす。
11　巻き終わりの線を内側にし、生地の両端を合わせ、平らにした端でもう片方の端を包む。包んだ生地の両端をつまんで合わせ、しっかり口を閉じる。
発酵
12　固く絞ったぬれ布巾をかけてオーブンを使い、40℃で30分を目安に発酵させる。
ゆでる
13　鍋にたっぷりの湯をわかし、はちみつ（分量外）を加える。
14　鍋底に細かい泡が立ったら12を入れ、ベーグルの上下を返しながら30秒ゆでて引き上げる。
15　14をオーブンシートを敷いた天板に並べる。
焼成
16　200℃に予熱したオーブンに入れ、15分焼き、天板の前後を入れ替えてさらに6〜7分焼く。
17　焼き上がったらすぐに取り出し、ケーキクーラーなどにのせて冷ます。

earl grey caramel rum raisin

紅茶、キャラメル、ラムと個性の強い香りをミックスした深みのある味わい。市販のキャラメルチョコを使うと簡単にキャラメル風味をプラスできます。

アールグレイ キャラメルラムレーズン

作り方→24ページ

アールグレイ蜜りんご

作り方→24ページ

earl grey semi dried apple

生地に練り込んだアールグレイのさわやかな香りが口に広がります。茶葉は細かいほうが生地に混ざりやすいので、ティーバッグを使うのがおすすめです。

Pickled fruits

ドライフルーツをラム酒に漬けたフィリングは、自然の甘さや酸味を感じられる飽きのこない味。ワインなどのお酒にも合うベーグルです。

自家製漬け込みフルーツ

作り方→25ページ

アールグレイ蜜りんご

材料 （直径8〜9cm・4個分）
[生地]
A ┌ 最強力粉（ゴールデンヨット）===300g
　├ 塩===4g
　├ インスタントドライイースト===小さじ1/3
　├ 三温糖===13g
　└ アールグレイの茶葉（ティーバッグ）
　　　===6g（3袋分）
はちみつ===11g
水===168g
くるみ===16g
[フィリング]
チーズクリーム（下記）===60g
蜜りんご（市販）===100g
[仕上げ]
プレーンクッキー生地（P9）===40g
くるみ===適量

下準備
＊最強力粉をふるいにかける。
＊ティーバッグから茶葉を取り出す。
＊くるみは160℃のオーブンで10分焼いて冷まし、適当な大きさに手でくだく。

チーズクリーム
材料
クリームチーズ　50g
グラニュー糖　10g
作り方
ボウルに室温に戻したクリームチーズを入れ、グラニュー糖を加えてゴムべらでよく混ぜる。

蜜りんご
セミドライのりんごを甘い蜜につけたしっとりタイプのドライフルーツ。ほどよい固さでベーグル生地によく合う。

作り方
準備する
1　ボウルにAを入れ、中央にくぼみを作ってはちみつ、水を順に加える。
混ぜる
2　手で混ぜ、粉っぽさがなくなったらひとつにまとめて台の上に移す。
こねる
3　粉玉がなくなるように両手で5分ほどしっかりこね、入れ方A（P8）を参照し、8割こね上がったらくるみを加えてさらに3〜5分ほどこねる。くるみが全体に混ざり、表面がツルツルとしてきたらこね上がり。
休ませる
4　生地を丸くまとめて台に置き、固く絞ったぬれ布巾をかけて3分ほど室温で休ませる。
分割
5　スケッパーで生地を4分割する。スケールを使い、同じ重さになるように分割する。
6　5の表面が張るように、切り口を下にして丸める。
休ませる
7　6に固く絞ったぬれ布巾をかけて3分ほど室温で休ませる。
成形
8　7を手で軽く押して平らにする。生地のとじ目を上にして台に置き直し、めん棒を使って、長方形にのばす。

9　入れ方C（P8）を参照して生地の奥側にチーズクリーム15g、蜜りんご25gを重ねるように置き、手前に向かってくるくると巻いて棒状にする。固く絞ったぬれ布巾をかけて、常温で3分ほど休ませる。
10　9を転がしてのばし、巻き終わりの線を上にして、手の腹で生地の端を押して平らにつぶす。
11　巻き終わりの線を内側にし、生地の両端を合わせ、平らにした端でもう片方の端を包む。包んだ生地の両端をつまんで合わせ、しっかり口を閉じる。
発酵
12　固く絞ったぬれ布巾をかけてオーブンを使い、40℃で30分を目安に発酵させる。
ゆでる
13　鍋にたっぷりの湯をわかし、はちみつ（分量外）を加える。
14　鍋底に細かい泡が立ったら12を入れ、ベーグルの上下を返しながら30秒ゆでて引き上げる。
15　14をオーブンシートを敷いた天板に並べる。
焼成
16　15にプレーンクッキー生地10gずつとくるみを中央にのせて200℃に予熱したオーブンに入れ、15分焼き、天板の前後を入れ替えてさらに6〜7分焼く。
17　焼き上がったらすぐに取り出し、ケーキクーラーなどにのせて冷ます。

アールグレイキャラメルラムレーズン

材料 （直径8〜9cm・4個分）
[生地]
A ┌ 最強力粉（ゴールデンヨット）===300g
　├ 塩===4g
　├ インスタントドライイースト===小さじ1/3
　├ 三温糖===13g
　├ アールグレイの茶葉（ティーバッグ）
　└ ===6g（3袋分）
はちみつ===11g
水===168g
くるみ===16g
[フィリング]
キャラメルチョコレートチップ===32g
ラムレーズン（右記）===80g

[仕上げ]
プレーンクッキー生地（P9）===40g
かぼちゃの種===適量
ざらめ===適量

下準備
＊最強力粉をふるいにかける。
＊ティーバッグから茶葉を取り出す。
＊くるみは160℃のオーブンで10分焼いて冷まし、適当な大きさに手でくだく。

自家製漬け込みフルーツ

材料（直径8〜9cm・4個分）
[生地]
A ┌ 最強力粉（ゴールデンヨット）===300g
　├ 塩===4g
　├ インスタントドライイースト===小さじ1/3
　└ 三温糖===13g
はちみつ===11g
水===165g
漬け込みフルーツ（下記）===40g
[フィリング]
漬け込みフルーツ===80g

下準備
＊最強力粉をふるいにかける。

漬け込みフルーツ
材料（作りやすい分量）
好みのドライフルーツ4〜8種　300g
ダークラム酒　100g
はちみつ　40g
作り方
保存容器に材料をすべて入れ、よく混ぜる。落としラップ（P33）をして冷蔵庫に入れ、1日に1回下から混ぜて、5日間漬けたらでき上がり。残りは冷蔵庫で1カ月保存可能。

作り方
準備する
1　ボウルにAを入れ、中央にくぼみを作ってはちみつ、水を順に加える。
混ぜる
2　手で混ぜ、粉っぽさがなくなったらひとつにまとめて台の上に移す。
こねる
3　粉玉がなくなるように両手で5分ほどしっかりこね、入れ方A（P8）を参照し、8割こね上がったら漬け込みフルーツを加えてさらに3〜5分ほどこねる。漬け込みフルーツが全体に混ざり、表面がツルツルとしてきたらこね上がり。
休ませる
4　生地を丸くまとめて台に置き、固く絞ったぬれ布巾をかけて3分ほど室温で休ませる。
分割
5　スケッパーで生地を4分割する。スケールを使い、同じ重さになるように分割する。
6　5の表面が張るように、切り口を下にして丸める。
休ませる
7　6に固く絞ったぬれ布巾をかけて3分ほど室温で休ませる。
成形
8　7を手で軽く押して平らにする。生地のとじ目を上にして台に置き直し、めん棒を使って、長方形にのばす。

9　入れ方D（P9）を参照して生地の半分くらいの位置に、漬け込みフルーツ20gを散らすように置き、手前に向かってくるくると巻いて棒状にする。固く絞ったぬれ布巾をかけて、室温で3分ほど休ませる。
10　9を転がしてのばし、巻き終わりの線を上にして、手の腹で生地の端を押して平らにつぶす。
11　巻き終わりの線を内側にし、生地の両端を合わせ、平らにした端でもう片方の端を包む。包んだ生地の両端をつまんで合わせ、しっかり口を閉じる。
発酵
12　固く絞ったぬれ布巾をかけてオーブンを使い、40℃で30分を目安に発酵させる。
ゆでる
13　鍋にたっぷりの湯をわかし、はちみつ（分量外）を加える。
14　鍋底に細かい泡が立ったら12を入れ、ベーグルの上下を返しながら30秒ゆでて引き上げる。
15　14をオーブンシートを敷いた天板に並べる。
焼成
16　200℃に予熱したオーブンに入れ、15分焼き、天板の前後を入れ替えてさらに6〜7分焼く。
17　焼き上がったらすぐに取り出し、ケーキクーラーなどにのせて冷ます。

作り方
表記以外はアールグレイ蜜りんごを参照して同様に作る。
成形
9　入れ方D（P9）を参照して生地の半分くらいにキャラメルチョコレートチップ8g、ラムレーズン20gを散らし、手前に向かって巻いて棒状にする。固く絞ったぬれ布巾をかけて、室温で3分ほど休ませる。
焼成
16　15にプレーンクッキー生地10gずつ、かぼちゃの種、ざらめをのせて200℃に予熱したオーブンに入れ、15分焼き、天板の前後を入れ替えてさらに6〜7分焼く。

ラムレーズン
材料（作りやすい分量）
レーズン2種（サルタナ、カリフォルニアなどを好みで）　300g
ダークラム酒　100g
はちみつ　38g
作り方
保存容器に材料をすべて入れ、よく混ぜる。落としラップ（P33）をして冷蔵庫に入れ、1日に1回下から混ぜて、5日間漬けたらでき上がり。残りは冷蔵庫で1カ月保存可能。

黒糖カレンツ

brown sugar

コクのある甘さが特徴の黒糖と酸味の強いカレンツ。どちらも自然の甘みを味わえる体にやさしい組み合わせです。

currants

あずきかぼちゃ大納言

red bean

ふっくらした大納言とかぼちゃにクリームチーズを合わせるのが新鮮。かぼちゃは生地に練り込み、フィリングにも加えてたっぷりと。

pumpkin

黒糖カレンツ

材料 （直径8〜9cm・4個分）
[生地]
A ┌ 最強力粉（ゴールデンヨット）===300g
　├ 塩===4g
　├ インスタントドライイースト===小さじ1/3
　└ 黒糖===24g
はちみつ===11g
水===168g
カレンツ===20g
[フィリング]
カレンツ===60g

下準備
＊最強力粉をふるいにかける。
＊大きな塊の黒糖はつぶしておく。

作り方
準備する
1　ボウルにAを入れ、中央にくぼみを作ってはちみつ、水を順に加える。
混ぜる
2　手で混ぜ、粉っぽさがなくなったらひとつにまとめて台の上に移す。
こねる
3　粉玉がなくなるように両手で5分ほどしっかりこね、入れ方A（P8）を参照し、8割こね上がったらカレンツを加えてさらに3〜5分ほどこねる。カレンツが全体に混ざり、表面がツルツルとしてきたらこね上がり。
休ませる
4　生地を丸くまとめて台に置き、固く絞ったぬれ布巾をかけて3分ほど室温で休ませる。
分割
5　スケッパーで生地を4分割する。スケールを使い、同じ重さになるように分割する。
6　5の表面が張るように、切り口を下にして丸める。
休ませる
7　6に固く絞ったぬれ布巾をかけて3分ほど室温で休ませる。
成形
8　7を手で軽く押して平らにする。生地のとじ目を上にして台に置き直し、めん棒を使って、長方形にのばす。
9　入れ方D（P9）を参照して生地の半分くらいの位置に、カレンツ15gを散らすように置き、手前に向かってくるくると巻いて棒状にする。固く絞ったぬれ布巾をかけて、室温で3分ほど休ませる。
10　9を転がしてのばし、巻き終わりの線を上にして、手の腹で生地の端を押して平らにつぶす。
11　巻き終わりの線を内側にし、生地の両端を合わせ、平らにした端でもう片方の端を包む。包んだ生地の両端をつまんで合わせ、しっかり口を閉じる。
発酵
12　固く絞ったぬれ布巾をかけてオーブンを使い、40℃で30分を目安に発酵させる。
ゆでる
13　鍋にたっぷりの湯をわかし、はちみつ（分量外）を加える。
14　鍋底に細かい泡が立ったら12を入れ、ベーグルの上下を返しながら30秒ゆでて引き上げる。
15　14をオーブンシートを敷いた天板に並べる。
焼成
16　200℃に予熱したオーブンに入れ、15分焼き、天板の前後を入れ替えてさらに6〜7分焼く。
17　焼き上がったらすぐに取り出し、ケーキクーラーなどにのせて冷ます。

カレンツ
山ぶどうのドライフルーツ。レーズンよりも小ぶりで、酸味がやや強いのが特徴。パンやパウンドケーキなどによく使われる。

あずきかぼちゃ大納言

材料 （直径8〜9cm・4個分）
[生地]
A ┌ 最強力粉（ゴールデンヨット）===300g
　├ 塩===4g
　├ インスタントドライイースト===小さじ1/3
　└ 三温糖===13g
はちみつ===11g
B ┌ 水===125g
　└ かぼちゃペースト（右記）===75g
[フィリング]
クリームチーズ===52g
かぼちゃ（冷凍）===60g
大納言あずき===60g
[仕上げ]
かぼちゃの種===適量

下準備
＊最強力粉をふるいにかける。
＊かぼちゃは電子レンジで加熱するか、ゆでてキッチンペーパーで水気をきる。

作り方
表記以外は黒糖カレンツを参照して同様に作る。
準備する
1　ボウルにAを入れ、中央にくぼみを作ってはちみつ、よく混ぜたBを順に加える。
こねる
3　粉玉がなくなるように両手で8〜10分ほどしっかりこねる。表面がツルツルとしてきたらこね上がり。
成形
9　入れ方C（P8）を参照して生地の奥側にクリームチーズ13g、かぼちゃ15g、大納言あずき15gを重ねるように置き、手前に向かって巻いて棒状にする。かぼちゃの水分が多いときはキッチンペーパーで水分をきって加える。固く絞ったぬれ布巾をかけて、室温で3分ほど休ませる。
焼成
16　15にかぼちゃの種をしっかり押しつけてのせ、200℃に予熱したオーブンに入れ、15分焼き、天板の前後を入れ替えてさらに6〜7分焼く。

かぼちゃペースト
材料
かぼちゃ（冷凍）　100g
水　140g

作り方
ボウルにかぼちゃを解凍し、皮がついている場合は取り除く。水を加えてミキサーで攪拌する。残りは保存容器に入れ、冷凍庫で1カ月保存可能。

ふかふか・甘い系　27

くるくるウインナー

wiener

生地を長いウインナーに巻きつけたお店でも人気の一品。ウインナーは粗びきなどぎゅっと中身の詰まった味のしっかりしたものが生地によく合います。

バジルサーモントマト

basil salmon

生地にトマトジュースを練り込んでいるので、フィリングの色も映えます。カットすると彩りがきれいなので、おもてなしにも最適です。

tomato

くるくるウインナー

材料（約17×4cm・8個分）
[生地]
A ┌ 最強力粉（ゴールデンヨット）===300g
  │ 塩===4g
  └ インスタントドライイースト===小さじ1/3
はちみつ===11g
水===168g
[フィリング]
粗びきロングウインナー===8本
[仕上げ]
ナチュラルチーズ（細切り）===適量

下準備
＊最強力粉をふるいにかける。

作り方
準備する
1　ボウルにAを入れ、中央にくぼみを作ってはちみつ、水を順に加える。
混ぜる
2　手で混ぜ、粉っぽさがなくなったらひとつにまとめて台の上に移す。
こねる
3　粉玉がなくなるように両手で8〜10分ほどしっかりこねる。表面がツルツルとしてきたらこね上がり。
休ませる
4　生地を丸くまとめて台に置き、固く絞ったぬれ布巾をかけて3分ほど室温で休ませる。
分割
5　スケッパーで生地を8分割する。スケールを使い、同じ重さになるように分割する。
6　5の表面が張るように、切り口を下にして丸める。
休ませる
7　6に固く絞ったぬれ布巾をかけて3分ほど室温で休ませる。
成形
8　7を手で軽く押して平らにする。生地のとじ目を上にして台に置き直し、めん棒を使って、長方形にのばす。
9　生地を横に置き、奥から手前に向かって細く巻いて棒状にする（写真a）。固く絞ったぬれ布巾をかけて、室温で3分ほど休ませる。
10　9を両手で転がしてのばし、ウインナーに巻きつける。巻き始めが表に出ないように重ね（写真b）、斜めに生地を引っぱりながらくるくる巻きつける。巻き終わりはほどけないように途中の生地に入れ込む（写真c）。
発酵
11　固く絞ったぬれ布巾をかけてオーブンを使い、40℃で30分を目安に発酵させる。
ゆでる
12　鍋にたっぷりの湯をわかし、はちみつ（分量外）を加える。
13　鍋底に細かい泡が立ったら12を入れ、ベーグルの上下を返しながら30秒ゆでて引き上げる。
14　13をオーブンシートを敷いた天板に並べる。
焼成
15　14にナチュラルチーズをふり、200℃に予熱したオーブンに入れ、13分焼き、天板の前後を入れ替えてさらに4〜5分焼く。
16　焼き上がったらすぐに取り出し、ケーキクーラーなどにのせて冷ます。

バジルサーモントマト

材料（直径8〜9cm・4個分）
[生地]
A ┌ 最強力粉（ゴールデンヨット）===300g
  │ 塩===4g
  └ インスタントドライイースト===小さじ1/3
はちみつ===11g
トマトジュース（食塩不使用タイプ）===185g
[フィリング]
クリームチーズ===60g
スモークサーモン===60g（4〜8枚）
フレッシュバジルの葉===8枚
[仕上げ]
パルメザンチーズ===適量

下準備
＊最強力粉をふるいにかける。

作り方
表記以外はくるくるウインナーを参照して同様に作る。
準備する
1　ボウルにAを入れ、中央にくぼみを作ってはちみつ、トマトジュースを順に加える。
分割
5　スケッパーで生地を4分割する。スケールを使い、同じ重さになるように分割する。
成形
9　入れ方C（P8）を参照して生地の奥側にクリームチーズ15g、スモークサーモン15g（1〜2枚）、バジルの葉2枚を重ねるように置き、手前に向かって巻いて棒状にする。固く絞ったぬれ布巾をかけて、常温で3分ほど休ませる。
10　9を転がしてのばし、巻き終わりの線を上にして、手の腹で生地の端を押して平らにつぶす。巻き終わりの線を内側にし、生地の両端を合わせ、平らにした端でもう片方の端を包む。包んだ生地の両端をつまんで合わせ、口を閉じる。
焼成
15　14にパルメザンチーズをふり、200℃に予熱したオーブンに入れ、15分焼き、天板の前後を入れ替えてさらに6〜7分焼く。

ふかふか・しょっぱい系　29

ほうれん草ドライトマト / spinach dried tomato

生地にほうれん草のピューレを練り込んだヘルシーなベーグル。酸味のあるドライトマトのオイル漬けと塩気のあるオリーブがアクセントになっています。

キャロットレモン / carrot lemon

にんじんとレモンピールのさわやかなフィリングを巻き込みました。仕上げのざらめとポピーシードで歯ごたえも楽しめます。

ほうれん草ドライトマト

材料 （直径8〜9cm・4個分）
[生地]
A ┌ 最強力粉（ゴールデンヨット）===300g
  │ 塩===4g
  └ インスタントドライイースト===小さじ1/3
はちみつ===11g
B ┌ 水===105g
  └ ほうれん草のピューレ（右記）===83g
[フィリング]
クリームチーズ===72g
ドライトマトのオイル漬け（市販）===8個（24g）
オリーブ（種なし）===4個
[仕上げ]
ナチュラルチーズ（細切り）===40g

下準備
＊最強力粉をふるいにかける。

ほうれん草のピューレ
材料
ほうれん草（冷凍） 100g
水 140g
作り方
ボウルにほうれん草を解凍し、水を加えてミキサーで攪拌する。残りは保存容器に入れ、冷凍庫で1カ月保存可能。

作り方
準備する
1 ボウルにAを入れ、中央にくぼみを作ってはちみつ、よく混ぜたBを順に加える。
混ぜる
2 手で混ぜ、粉っぽさがなくなったらひとつにまとめて台の上に移す。
こねる
3 粉玉がなくなるように両手でしっかり8〜10分ほどこねて、表面がツルツルとしてきたらこね上がり。
休ませる
4 生地を丸くまとめて台に置き、固く絞ったぬれ布巾をかけて3分ほど室温で休ませる。
分割
5 スケッパーで生地を4分割する。スケールを使い、同じ重さになるように分割する。
6 5の表面が張るように、切り口を下にして丸める。
休ませる
7 6に固く絞ったぬれ布巾をかけて3分ほど室温で休ませる。
成形
8 7を手で軽く押して平らにする。生地のとじ目を上にして台に置き直し、めん棒を使って、長方形にのばす。
9 入れ方C（P8）を参照して生地の奥側にクリームチーズ18g、ドライトマト2個、オリーブ1個を重ねるように置き、手前に向かってくるくると巻いて棒状にする。固く絞ったぬれ布巾をかけて、常温で3分ほど休ませる。
10 9を両手で転がしてのばし、巻き終わりの線を上にして、手の腹で生地の端を押して平らにつぶす。
11 巻き終わりの線を内側にし、生地の両端を合わせ、平らにした端でもう片方の端を包む。包んだ生地の両端をつまんで合わせ、しっかり口を閉じる。
発酵
12 固く絞ったぬれ布巾をかけてオーブンの発酵機能を使い、40℃で30分を目安に発酵させる。
ゆでる
13 鍋にたっぷりの湯をわかし、はちみつ（分量外）を加える。
14 鍋底に細かい泡が立ったら12を入れ、ベーグルの上下を返しながら30秒ゆでて引き上げる。
15 14をオーブンシートを敷いた天板に並べる。
焼成
16 15に細切りのナチュラルチーズを10gずつかけ、200℃に予熱したオーブンに入れ、15分焼き、天板の前後を入れ替えてさらに6〜7分焼く。
17 焼き上がったらすぐに取り出し、ケーキクーラーなどにのせて冷ます。

キャロットレモン

材料 （直径8〜9cm・4個分）
[生地]
A ┌ 最強力粉（ゴールデンヨット）===300g
  │ 塩===4g
  └ インスタントドライイースト===小さじ1/3
はちみつ===11g
キャロットミックスジュース（市販）===185g
[フィリング]
にんじん（せん切り）===80g（中1本）
レモンピール（粗みじん切り）===40g
[仕上げ]
ポピーシード（白）===適量
ざらめ===12g

下準備
＊最強力粉をふるいにかける。
＊にんじんは皮をむき、せん切り器などでせん切りにし、電子レンジで2分加熱し、冷ます。

作り方
表記以外はほうれん草ドライトマトを参照して同様に作る。
準備する
1 ボウルにAを入れ、中央にくぼみを作ってはちみつ、キャロットミックスジュースを順に加える。
成形
9 巻き方B（P8）を参照して生地の半分くらいの位置に、にんじんのせん切り20gとレモンピール10gを散らすように置き、手前に向かってくるくると巻いて棒状にする。固く絞ったぬれ布巾をかけて、室温で3分ほど休ませる。
焼成
16 15にポピーシードとざらめ3gずつをふり、200℃に予熱したオーブンに入れ、15分焼き、天板の前後を入れ替えてさらに6〜7分焼く。

レモンピール
レモンの皮をゆでて砂糖で煮詰めたもので、さわやかな酸味が特徴。製菓材料店などで購入できる。

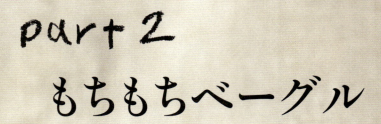

part 2
もちもちベーグル

全粒粉を少し加えた、香り豊かなベーグルです。
生地は固すぎずほどよい弾力があり、
もちもちとした食感はやみつきになります。

基本のもちもちプレーンの作り方

材料 （直径8〜9cm・4個分／6個分）

[生地]
A	強力粉（春よこい）	270g／450g
	全粒粉	30g／50g
	塩	5g／8g
	三温糖	6g／10g
	インスタントドライイースト	小さじ1/3／小さじ1/2
	はちみつ	6g／10g
	水	160g／265g

下準備
＊強力粉と全粒粉を合わせてふるいにかける。

＊写真は6個分ですが、どちらかお好みの個数を選んで作ってください。

粉について

春よこい

タンパク質が多く含まれた粉で、きめが細かい生地に焼き上がります。味にクセがないので、グルテンの少ない全粒粉などに合わせて使えば、風味が増します。

作り方

準備する

1　ボウルにAを入れ、中央にくぼみを作ってはちみつ、水を順に加える。

混ぜる

2　片手でボウルを回しながら、手の腹を使ってしっかり粉をつかみ、体重をかけながら混ぜる（①）。粉っぽさがなくなったらひとつにまとめる。すべり止めマットを敷いた台の上に移す（②）。

こねる

3　両手の親指のつけ根や手の腹を使って、体重を上からしっかりとかけて、生地を折りたたみながら8〜10分ほどこねる（①）。粉玉がなくなり、表面がツルツルとしてきたらこね上がり（②）。

一次発酵

4　こね上がった生地をひとつに丸くまとめてボウルに移し、落としラップ（生地にラップをぴったりとかけること）をして、冷蔵庫に入れて20〜30分生地を休ませる。こうすると粉と水分がなじんで生地が滑らかになる。

分割

5 台の上に生地を取り出し、スケッパー（P94）を使って生地を6分割する（①）。スケールを使い、生地の全体量を測ってから1個分の重さを割り出し、同じ重さになるように分割する（②）。

6 分割した生地は表面が張るように、切り口を中に入れながら丸める。

休ませる

7 切り口を下にして、6を台に並べ、固く絞ったぬれ布巾をかけて3分ほど室温で休ませる。こうすると生地の余分な力が抜けて成形しやすくなる。

成形

8 3分経ったら、手で軽く押して平らにする（①）。生地のとじ目を上にして台に置き直す（②）。生地の中央から上下にめん棒を使い、13×20cmくらいの長方形にのばす（③）。巻き終わりになる下の部分は薄くなるようにのばしておく（④）。

成形

9 生地の上から手前に向かってくるくると巻く（①）。巻いた生地を両手の親指で押すようにぎゅっと巻いて棒状にする（②）。巻き終わりが下になるように台に並べ、固く絞ったぬれ布巾をかけて、室温で3分ほど休ませる（③）。

成形

10 9を軽く両手で転がしてのばし、巻き終わりの線を上にして、手の腹で片方の生地の端を押して平らにつぶす（①）。つぶした部分の生地が乾いていたら、ぬれ布巾でたたいてしっとりさせる（②）。

成形

11 平らにした側の生地を押さえ、反対側を1回、9の巻きと同じ向きにひねってよりをかけながら円形にする（①）。両端を重ねる（②）。裏返し、平らにした端の生地でもう片方の端を包む（③）。包んだ生地の両端を合わせ、しっかりと生地をつまんで口が閉じるようにする（④）。成形できたらオーブンシートを敷いた天板に置く（⑤）。

成形

最終発酵

12 11に固く絞ったぬれ布巾をかけてオーブンの発酵機能を使い、40℃で30分を目安に発酵させる（①）。発酵すると全体にふんわりと膨らむ（②）。

ゆでる

13 口の広い鍋にたっぷりの湯をわかし、はちみつ（分量外）を加えてよく混ぜる。はちみつはお湯1ℓに対して大さじ1を加える。はちみつでコーティングすると、焼いたときに糖分が溶けてきれいな焼き色になる。

14 鍋底に細かい泡が立つようになったらゆでるのに適した温度のサイン（①）。ベーグルをスケッパーでやさしく取り、鍋にどんどん入れる。ここでベーグルが沈む場合は、発酵が足りないため、すぐに湯から引き上げて再度発酵させる。揚げ網でベーグルの上下を返しながら30秒ゆでる。ベーグルの下に網を入れ、反転させるようにやさしく返す（②）。

ゆでる

15 湯から引き上げ、オーブンシートを敷いた天板に並べる。

焼成

16 200℃に予熱したオーブンに入れ、15分焼き、天板の前後を入れ替えてさらに様子をみて6〜7分焼く。天板の位置を変えると焼きムラのないきれいなベーグルになる。

17 焼き上がったらすぐに取り出し、ケーキクーラーなどにのせて冷ます。ベーグルの裏側がきちんと焼けていれば焼き上がり。焼けていない場合はさらに焼き時間を延ばす。冷めたらすぐにラップをかけ、乾燥を防ぐ。

キャラメルバナナ
作り方→38ページ

クランベリー
作り方→39ページ

キャラメルバナナ

caramel banana

ドライバナナダイスとキャラメル味のチョコチップを使えば、手軽においしいフィリングが作れます。ティータイムにぴったりです。

材料（直径8〜9cm・4個分）
[生地]
A
- 強力粉（春よこい）===270g
- 全粒粉===30g
- 塩===5g
- 三温糖===12g
- インスタントドライイースト===小さじ1/3

はちみつ===6g
水===160g

[フィリング]
キャラメルチョコレートチップ===80g
ドライバナナダイス===80g

[仕上げ]
プレーンクッキー生地（P9）===60g
ざらめ===12g

下準備
＊強力粉と全粒粉を合わせてふるいにかける。

作り方
準備する
1　ボウルにAを入れ、中央にくぼみを作ってはちみつ、水を順に加える。
混ぜる
2　手で混ぜ、粉っぽさがなくなったらひとつにまとめて台の上に移す。
こねる
3　8〜10分ほどしっかり両手でこねて、表面がツルツルとしてきたらこね上がり。生地をひとつに丸くまとめてボウルに移す。
一次発酵
4　3の生地に落としラップ（P33）をし、冷蔵庫で20〜30分生地を休ませる。
分割
5　スケッパーで生地を4分割する。スケールを使い、同じ重さになるように分割する。
6　5の表面が張るように、切り口を下にして丸める。
休ませる
7　6に固く絞ったぬれ布巾をかけて3分ほど室温で休ませる。
成形
8　7を手で軽く押して平らにする。生地のとじ目を上にして台に置き直し、めん棒を使って、長方形にのばす。
9　入れ方D（P9）を参照して生地の半分くらいの位置にキャラメルチョコレートチップ20gを散らし、奥側にバナナダイス20gを置き、手前に巻いて棒状にする。固く絞ったぬれ布巾をかけて、室温で3分ほど休ませる。
10　9を転がしてのばし、巻き終わりの線を上にして、手の腹で生地の端を押して平らにつぶす。
11　平らにした側の生地を押さえ、反対側を1回、ひねってよりをかけながら円形にし、両端を重ねる。平らにした端の生地でもう片方の端を包む。包んだ生地の両端をつまんで合わせ、しっかり口を閉じる。
最終発酵
12　固く絞ったぬれ布巾をかけてオーブンを使い、40℃で30分を目安に発酵させる。
ゆでる
13　鍋にたっぷりの湯をわかし、はちみつ（分量外）を加える。
14　鍋底に細かい泡が立ったら12を入れ、ベーグルの上下を返しながら30秒ゆでて引き上げる。
15　14をオーブンシートを敷いた天板に並べる。
焼成
16　15にプレーンクッキー生地15gずつとざらめ3gずつをふり、200℃に予熱したオーブンに入れ、15分焼き、天板の前後を入れ替えてさらに6〜7分焼く。
17　焼き上がったらすぐに取り出し、ケーキクーラーなどにのせて冷ます。

クランベリー

cranberry

ドライクランベリーは生地に練り込み、さらに中にも巻き込んでいるから、一口ごとにしっかりとさわやかな酸味を感じられます。

材料（直径8〜9cm・4個分）
[生地]
A ┌ 強力粉（春よこい）=== 270g
  │ 全粒粉===30g
  │ 塩===5g
  │ 三温糖===12g
  └ インスタントドライイースト===小さじ1/3
はちみつ===6g
水===160g
ドライクランベリー===35g
[フィリング]
ドライクランベリー===40g

下準備
＊強力粉と全粒粉を合わせてふるいにかける。
＊ドライクランベリーは粗く刻む。

ドライクランベリー
鮮やかな赤い色が特徴のドライフルーツ。ほどよい酸味でパンやスイーツによく使われるほか、ヨーグルトやシリアルに混ぜるのもおすすめ。

作り方
準備する
1 ボウルにAを入れ、中央にくぼみを作ってはちみつ、水を順に加える。
混ぜる
2 手で混ぜ、粉っぽさがなくなったらひとつにまとめて台の上に移す。
こねる
3 粉玉がなくなるように両手でしっかり5分ほどこね、入れ方A（P8）を参照し、8割こね上がったらドライクランベリーを加えてさらに3〜5分ほどこねる。クランベリーが全体に混ざり、表面がツルツルとしてきたらこね上がり。生地をひとつに丸くまとめてボウルに移す。
一次発酵
4 3の生地に落としラップ（P33）をし、冷蔵庫で20〜30分生地を休ませる。
分割
5 スケッパーで生地を4分割する。スケールを使い、同じ重さになるように分割する。
6 5の表面が張るように、切り口を下にして丸める。
休ませる
7 6に固く絞ったぬれ布巾をかけて3分ほど室温で休ませる。
成形
8 7を手で軽く押して平らにする。生地のとじ目を上にして台に置き直し、めん棒を使って、長方形にのばす。

9 入れ方B（P8）を参照して生地の奥側にドライクランベリー10gを置き、手前に巻いて棒状にする。固く絞ったぬれ布巾をかけて、室温で3分ほど休ませる。
10 9を転がしてのばし、巻き終わりの線を上にして、手の腹で生地の端を押して平らにつぶす。
11 平らにした側の生地を押さえ、反対側を1回、ひねってよりをかけながら円形にし、両端を重ねる。平らにした端の生地でもう片方の端を包む。包んだ生地の両端をつまんで合わせ、しっかり口を閉じる。
最終発酵
12 固く絞ったぬれ布巾をかけてオーブンを使い、40℃で30分を目安に発酵させる。
ゆでる
13 鍋にたっぷりの湯をわかし、はちみつ（分量外）を加える。
14 鍋底に細かい泡が立ったら12を入れ、ベーグルの上下を返しながら30秒ゆでて引き上げる。
15 14をオーブンシートを敷いた天板に並べる。
焼成
16 200℃に予熱したオーブンに入れ、15分焼き、天板の前後を入れ替えてさらに6〜7分焼く。
17 焼き上がったらすぐに取り出し、ケーキクーラーなどにのせて冷ます。

ココナッツショコラ
作り方→42ページ

マカダミアナッツ
コーヒーチョコ

作り方→43ページ

ココナッツショコラ

coconut

ビターなチョコレートの味をマイルドにしてくれるココナッツファイン。たっぷりとまぶしてから焼き上げます。

chocolate

材料（直径8〜9cm・4個分）
[生地]
A ┌ 強力粉（春よこい）===270g
  │ 全粒粉===30g
  │ 塩===5g
  │ 三温糖===12g
  │ インスタントドライイースト===小さじ1/3
  └ ココアパウダー（砂糖不使用）===15g
はちみつ===6g
水===168g
[フィリング]
ココナッツファイン（細かいもの）===16g
クーベルチュールチョコフレーク（P20）===60g
[仕上げ]
ココナッツファイン（ローストしない）===適量

下準備
＊強力粉と全粒粉、ココアパウダーを合わせてふるいにかける。
＊クーベルチュールチョコフレークは使う直前まで冷蔵庫でよく冷やしておく。
＊フィリングのココナッツファインは160℃のオーブンで6分焼き、一度混ぜてさらに2分焼いて冷ましておく。

ココナッツファイン
甘い香りとシャリッとした食感が人気のココナッツ。フィリングにするときは一度ローストすると香ばしくて香りもよくなる。

作り方
準備する
1 ボウルにAを入れ、中央にくぼみを作ってはちみつ、水を順に加える。
混ぜる
2 手で混ぜ、粉っぽさがなくなったらひとつにまとめて台の上に移す。
こねる
3 8〜10分ほどしっかり両手でこねて、表面がツルツルとしてきたらこね上がり。生地をひとつに丸くまとめてボウルに移す。
一次発酵
4 3の生地に落としラップ（P33）をし、冷蔵庫で20〜30分生地を休ませる。
分割
5 スケッパーで生地を4分割する。スケールを使い、同じ重さになるように分割する。
6 5の表面が張るように、切り口を下にして丸める。
休ませる
7 6に固く絞ったぬれ布巾をかけて3分ほど室温で休ませる。
成形
8 7を手で軽く押して平らにする。生地のとじ目を上にして台に置き直し、めん棒を使って、長方形にのばす。
9 入れ方D（P9）を参照して生地の半分くらいにココナッツファイン4g、クーベルチュールチョコフレーク15gを散らし、手前に向かって巻いて棒状にする。固く絞ったぬれ布巾をかけて、室温で3分ほど休ませる。
10 9を転がしてのばし、巻き終わりの線を上にして、手の腹で生地の端を押して平らにつぶす。
11 平らにした側の生地を押さえ、反対側を1回、ひねってよりをかけながら円形にし、両端を重ねる。平らにした端の生地でもう片方の端を包む。包んだ生地の両端をつまんで合わせ、しっかり口を閉じる。
最終発酵
12 固く絞ったぬれ布巾をかけてオーブンを使い、40℃で30分を目安に発酵させる。
ゆでる
13 鍋にたっぷりの湯をわかし、はちみつ（分量外）を加える。
14 鍋底に細かい泡が立ったら12を入れ、ベーグルの上下を返しながら30秒ゆでて引き上げる。全体に仕上げ用のココナッツファインをまぶす。
15 14をオーブンシートを敷いた天板に並べる。
焼成
16 200℃に予熱したオーブンに入れ、15分焼き、天板の前後を入れ替えてさらに6〜7分焼く。
17 焼き上がったらすぐに取り出し、ケーキクーラーなどにのせて冷ます。

マカダミアナッツコーヒーチョコ

macadamia nut coffee chocolate

コーヒーを練り込んだ生地とチョコレート、マカダミアナッツはベストな組み合わせ。ナッツは丸ごと入れて、食感を楽しみます。

材料（直径8〜9cm・4個分）
[生地]
A ┌ 強力粉（春よこい）===270g
  │ 全粒粉===30g
  │ 塩===5g
  │ 三温糖===12g
  │ インスタントドライイースト===小さじ1/3
  │ インスタントコーヒー（P20）===3g
  └ 挽いたコーヒー豆（P20）===3g
はちみつ===6g
水===155g
クーベルチュールチョコフレーク（P20）===30g
[フィリング]
チョコレートチャンク（P20）===12個
マカダミアナッツ===20〜24個
[仕上げ]
ココアクッキー生地（P9）===60g

下準備
＊強力粉と全粒粉を合わせてふるいにかける。
＊クーベルチュールチョコフレークは使う直前まで冷蔵庫でよく冷やしておく。

作り方
準備する
1 ボウルにAを入れ、中央にくぼみを作ってはちみつ、水を順に加える。
混ぜる
2 手で混ぜ、粉っぽさがなくなったらひとつにまとめて台の上に移す。
こねる
3 粉玉がなくなるように両手で5分ほどしっかりこね、入れ方A（P8）を参照し、8割こね上がったらクーベルチュールチョコフレークを加えてさらに3〜5分ほどこねる。チョコが全体に混ざり、表面がツルツルとしてきたらこね上がり。生地をひとつに丸くまとめてボウルに移す。
一次発酵
4 3の生地に落としラップ（P33）をし、冷蔵庫で20〜30分生地を休ませる。
分割
5 スケッパーで生地を4分割する。スケールを使い、同じ重さになるように分割する。
6 5の表面が張るように、切り口を下にして丸める。
休ませる
7 6に固く絞ったぬれ布巾をかけて3分ほど室温で休ませる。
成形
8 7を手で軽く押して平らにする。生地のとじ目を上にして台に置き直し、めん棒を使って、長方形にのばす。

9 入れ方C（P8）を参照して生地の奥側にチョコレートチャンク3個とマカダミアナッツ5〜6個くらいを置き、手前に巻いて棒状にする。固く絞ったぬれ布巾をかけて、室温で3分ほど休ませる。
10 9を転がしてのばし、巻き終わりの線を上にして、手の腹で生地の端を押して平らにつぶす。
11 平らにした側の生地を押さえ、反対側を1回、ひねってよりをかけながら円形にし、両端を重ねる。平らにした端の生地でもう片方の端を包む。包んだ生地の両端をつまんで合わせ、しっかり口を閉じる。
最終発酵
12 固く絞ったぬれ布巾をかけてオーブンを使い、40℃で30分を目安に発酵させる。
ゆでる
13 鍋にたっぷりの湯をわかし、はちみつ（分量外）を加える。
14 鍋底に細かい泡が立ったら12を入れ、ベーグルの上下を返しながら30秒ゆでて引き上げる。
15 14をオーブンシートを敷いた天板に並べる。
焼成
16 15にココアクッキー生地15gずつをふり、200℃に予熱したオーブンに入れ、15分焼き、天板の前後を入れ替えてさらに6〜7分焼く。
17 焼き上がったらすぐに取り出し、ケーキクーラーなどにのせて冷ます。

もちもち・甘い系 43

ドライマンゴークリームチーズ

作り方→46ページ

dried mango cream cheese

カットするとドライマンゴーとチーズクリームの色がまるでスイーツのようにきれいにあらわれます。チーズのほどよい酸味がマンゴーを引き立てます。

いちごグリーンレーズン

作り方→46ページ

strawberry green raisin

いちごの甘酸っぱさとグリーンレーズンのさわやかな甘さがバランスのよいベーグルです。いちごのつぶつぶした食感もアクセントに。

シナモン蜜りんご

作り方→47ページ

cinnamon

蜜りんごにまぶしたシナモンの香りが口に広がります。オートミールをつけた面を下にして焼き上げると、生地にしっかりとついてきれいに仕上がります。

semidried apple

ドライマンゴークリームチーズ

材料（直径8〜9cm・4個分）
[生地]
A ┌ 強力粉（春よこい）===270g
　│ 全粒粉===30g
　│ 塩===5g
　│ 三温糖===12g
　└ インスタントドライイースト===小さじ1/3
はちみつ===6g
水===160g
[フィリング]
ドライマンゴー===60g
チーズクリーム（P24）===60g
[仕上げ]
ポピーシード（白）===適量
ざらめ===12g

下準備
＊強力粉と全粒粉を合わせてふるいにかける。
＊チーズクリームはP24を参照して作る。

作り方
準備する
1　ボウルにAを入れ、中央にくぼみを作ってはちみつ、水を順に加える。
混ぜる
2　手で混ぜ、粉っぽさがなくなったらひとつにまとめて台の上に移す。
こねる
3　8〜10分ほど両手でしっかりこねて、表面がツルツルとしてきたらこね上がり。生地をひとつに丸くまとめてボウルに移す。
一次発酵
4　3の生地に落としラップ（P33）をし、冷蔵庫で20〜30分生地を休ませる。
分割
5　スケッパーで生地を4分割する。スケールを使い、同じ重さになるように分割する。
6　5の表面が張るように、切り口を下にして丸める。
休ませる
7　6に固く絞ったぬれ布巾をかけて3分ほど室温で休ませる。
成形
8　7を手で軽く押して平らにする。生地のとじ目を上にして台に置き直し、めん棒を使って、長方形にのばす。
9　入れ方C（P8）を参照して生地の奥側にチーズクリーム15gを置き、ドライマンゴー15gを重ね、手前に巻いて棒状にする。固く絞ったぬれ布巾をかけて、室温で3分ほど休ませる。
10　9を転がしてのばし、巻き終わりの線を上にして、手の腹で生地の端を押して平らにつぶす。
11　平らにした側の生地を押さえ、反対側を1回、ひねってよりをかけながら円形にし、両端を重ねる。平らにした端の生地でもう片方の端を包む。包んだ生地の両端をつまんで合わせ、しっかり口を閉じる。
最終発酵
12　固く絞ったぬれ布巾をかけてオーブンを使い、40℃で30分を目安に発酵させる。
ゆでる
13　鍋にたっぷりの湯をわかし、はちみつ（分量外）を加える。
14　鍋底に細かい泡が立ったら12を入れ、ベーグルの上下を返しながら30秒ゆでて引き上げる。
15　14をオーブンシートを敷いた天板に並べる。
焼成
16　15にポピーシードとざらめ3gずつをふり、200℃に予熱したオーブンに入れ、15分焼き、天板の前後を入れ替えてさらに6〜7分焼く。
17　焼き上がったらすぐに取り出し、ケーキクーラーなどにのせて冷ます。

いちごグリーンレーズン

材料（直径8〜9cm・4個分）
[生地]
A ┌ 強力粉（春よこい）===270g
　│ 全粒粉===30g
　│ 塩===5g
　│ 三温糖===12g
　└ インスタントドライイースト===小さじ1/3
はちみつ===6g
水===160g
セミドライいちご（ホール）===30g
グリーンレーズン===20g
[フィリング]
グリーンレーズン===60g
セミドライいちご（ホール）===8個

下準備
＊強力粉と全粒粉を合わせてふるいにかける。
＊セミドライいちごは2〜3等分にカットする（P21）。

作り方
表記以外はドライマンゴークリームチーズを参照して同様に作る。
こねる
3　粉玉がなくなるように両手で5分ほどしっかりこね、入れ方A（P8）を参照し、8割こね上がったらセミドライいちごとグリーンレーズンを加えてさらに3〜5分ほどこねる。全体に混ざり、表面がツルツルとしてきたらこね上がり。生地をひとつに丸くまとめてボウルに移す。
成形
9　入れ方C（P8）を参照して生地の奥側にグリーンレーズン15gとセミドライいちご2個分を置き、手前に巻いて棒状にする。固く絞ったぬれ布巾をかけて、室温で3分ほど休ませる。
焼成
16　200℃に予熱したオーブンに入れ、15分焼き、天板の前後を入れ替えてさらに6〜7分焼く。

グリーンレーズン
ほかのレーズンに比べ、甘すぎず酸味も感じられる。きれいな薄い緑色で、そのまま使っても漬け込みフルーツにしても便利。

シナモン蜜りんご

材料（直径8〜9cm・4個分）
[生地]
A ┌ 強力粉（春よこい）===270g
　│ 全粒粉===30g
　│ 塩===5g
　│ 三温糖===6g
　└ インスタントドライイースト===小さじ1/3
はちみつ===6g
水===160g
[フィリング]
蜜りんご（市販・P24）===120g
シナモン===適量
[仕上げ]
オートミール===適量

下準備
＊強力粉と全粒粉を合わせてふるいにかける。
＊蜜りんごは一口大に切り、シナモンをまぶしておく（写真a）。

a

作り方
準備する
1　ボウルにAを入れ、中央にくぼみを作ってはちみつ、水を順に加える。
混ぜる
2　手で混ぜ、粉っぽさがなくなったらひとつにまとめて台の上に移す。
こねる
3　8〜10分ほど両手でしっかりこねて、表面がツルツルとしてきたらこね上がり。生地をひとつに丸くまとめてボウルに移す。
一次発酵
4　3の生地に落としラップ（P33）をし、冷蔵庫で20〜30分生地を休ませる。
分割
5　スケッパーで生地を4分割する。スケールを使い、同じ重さになるように分割する。
6　5の表面が張るように、切り口を下にして丸める。
休ませる
7　6に固く絞ったぬれ布巾をかけて3分ほど室温で休ませる。
成形
8　7を手で軽く押して平らにする。生地のとじ目を上にして台に置き直し、めん棒を使って、長方形にのばす。
9　入れ方B（P8）を参照して生地の奥側に蜜りんご30gを置き、手前に巻いて棒状にする。固く絞ったぬれ布巾をかけて、室温で3分ほど休ませる。
10　9を転がしてのばし、巻き終わりの線を上にして、手の腹で生地の端を押して平らにつぶす。
11　平らにした側の生地を押さえ、反対側を1回、ひねってよりをかけながら円形にし、両端を重ねる。平らにした端の生地でもう片方の端を包む。包んだ生地の両端をつまんで合わせ、しっかり口を閉じる。
最終発酵
12　固く絞ったぬれ布巾をかけてオーブンを使い、40℃で30分を目安に発酵させる。
ゆでる
13　鍋にたっぷりの湯をわかし、はちみつ（分量外）を加える。
14　鍋底に細かい泡が立ったら12を入れ、ベーグルの上下を返しながら30秒ゆでて引き上げる。とじた面にオートミールをつける（写真b）。
15　オートミールをつけた面を下にしてオーブンシートを敷いた天板に並べる（写真c）。
焼成
16　200℃に予熱したオーブンに入れ、15分焼き、天板の前後を入れ替えてさらに6〜7分焼く。
17　焼き上がったらすぐに取り出し、オートミールの面を上にしてケーキクーラーなどにのせて冷ます。

b

c

dried mango
cream cheese

strawberry
green raisin

cinnamon
semidried apple

もちもち・甘い系　47

抹茶アプリコットみるく
作り方→50ページ

黒ごまさつまいも
作り方→51ページ

抹茶アプリコットみるく

グリーン、白、オレンジと彩りもきれいな組み合わせ。ドライアプリコットは白ワインと合わせているので、香りも豊かです。

green tea apricot milk

材料（直径8〜9cm・4個分）
[生地]
A ┌ 強力粉（春よこい）===270g
  │ 全粒粉===30g
  │ 塩===5g
  │ 三温糖===12g
  │ インスタントドライイースト===小さじ1/3
  └ 抹茶===8g
はちみつ===6g
水===168g
[フィリング]
戻したドライアプリコット（下記）===80g
ホワイトチョコチップ===60g
[仕上げ]
プレーンクッキー生地（P9）===60g
ポピーシード（白）===適量
ざらめ===12g

下準備
＊強力粉と全粒粉、抹茶を合わせてふるいにかける。

ドライアプリコットの戻し方

材料
ドライアプリコット　200g
白ワイン　80g
三温糖　50g
作り方
耐熱容器に材料を入れ、軽く混ぜてふんわりとラップをかけ、電子レンジで2分加熱して室温になるまで冷ます。残りは保存容器に入れ、冷蔵庫で1カ月保存可能。

作り方
準備する
1　ボウルにAを入れ、中央にくぼみを作ってはちみつ、水を順に加える。
混ぜる
2　手で混ぜ、粉っぽさがなくなったらひとつにまとめて台の上に移す。
こねる
3　8〜10分ほど両手でしっかりこねて、表面がツルツルとしてきたらこね上がり。生地をひとつに丸くまとめてボウルに移す。
一次発酵
4　3の生地に落としラップ（P33）をし、冷蔵庫で20〜30分生地を休ませる。
分割
5　スケッパーで生地を4分割する。スケールを使い、同じ重さになるように分割する。
6　5の表面が張るように、切り口を下にして丸める。
休ませる
7　6に固く絞ったぬれ布巾をかけて3分ほど室温で休ませる。
成形
8　7を手で軽く押して平らにする。生地のとじ目を上にして台に置き直し、めん棒を使って、長方形にのばす。

9　入れ方C（P8）を参照して生地の奥側にドライアプリコット20g、ホワイトチョコチップ15gを重ねるように置き、手前に巻いて棒状にする。固く絞ったぬれ布巾をかけて、室温で3分ほど休ませる。
10　9を転がしてのばし、巻き終わりの線を上にして、手の腹で生地の端を押して平らにつぶす。
11　平らにした側の生地を押さえ、反対側を1回、ひねってよりをかけながら円形にし、両端を重ねる。平らにした端の生地でもう片方の端を包む。包んだ生地の両端をつまんで合わせ、しっかり口を閉じる。
最終発酵
12　固く絞ったぬれ布巾をかけてオーブンを使い、40℃で30分を目安に発酵させる。
ゆでる
13　鍋にたっぷりの湯をわかし、はちみつ（分量外）を加える。
14　鍋底に細かい泡が立ったら12を入れ、ベーグルの上下を返しながら30秒ゆでて引き上げる。
15　14をオーブンシートを敷いた天板に並べる。
焼成
16　15にプレーンクッキー生地15gずつ、ポピーシードとざらめ3gずつをふり、200℃に予熱したオーブンに入れ、15分焼き、天板の前後を入れ替えてさらに6〜7分焼く。
17　焼き上がったらすぐに取り出し、ケーキクーラーなどにのせて冷ます。

黒ごまさつまいも

black sesame

sweet potato

甘く煮たさつまいもがごろっと入った食べごたえのあるベーグルです。さつまいもの甘煮は市販品でもOK。水分をきってから巻き込むのがコツです。

材料（直径8〜9cm・4個分）
[生地]
A ┌ 強力粉（春よこい）===270g
　│ 全粒粉===30g
　│ 塩===5g
　│ 三温糖===12g
　└ インスタントドライイースト===小さじ1/3
はちみつ===6g
水===160g
黒炒りごま===20g
[フィリング]
さつまいもの甘煮（下記）===100g
[仕上げ]
黒炒りごま===適量
ざらめ===12g

下準備
＊強力粉と全粒粉を合わせてふるいにかける。

さつまいもの甘煮
材料
さつまいも　150g
三温糖　大さじ1と1/2
塩　少々
作り方
さつまいもは皮付きのまま1cm幅の輪切りにし、直径26cmのフライパンに並べる。水（分量外）をひたひたになるまで入れ、三温糖、塩を加えて中火で煮る。串が刺さるくらいまでやわらかく煮えればでき上がり。残りは保存容器に入れ、冷凍庫で1カ月保存可能。

作り方
準備する
1　ボウルにAを入れ、中央にくぼみを作ってはちみつ、水を順に加える。
混ぜる
2　手で混ぜ、粉っぽさがなくなったらひとつにまとめて台の上に移す。
こねる
3　粉玉がなくなるように両手で5分ほどしっかりこね、入れ方A（P8）を参照し、8割こね上がったら黒ごまを加えてさらに3〜5分ほどこねる。黒ごまが全体に混ざり、表面がツルツルとしてきたらこね上がり。生地をひとつに丸くまとめてボウルに移す。
一次発酵
4　3の生地に落としラップ（P33）をし、冷蔵庫で20〜30分生地を休ませる。
分割
5　スケッパーで生地を4分割する。スケールを使い、同じ重さになるように分割する。
6　5の表面が張るように、切り口を下にして丸める。
休ませる
7　6に固く絞ったぬれ布巾をかけて3分ほど室温で休ませる。
成形
8　7を手で軽く押して平らにする。生地のとじ目を上にして台に置き直し、めん棒を使って、長方形にのばす。

9　入れ方B（P8）を参照して生地の奥側にさつまいもの甘煮25gを置き、手前に巻いて棒状にする。さつまいもの水分が多いようなら、キッチンペーパーで水気をきってから入れる。固く絞ったぬれ布巾をかけて、室温で3分ほど休ませる。
10　9を転がしてのばし、巻き終わりの線を上にして、手の腹で生地の端を押して平らにつぶす。
11　平らにした側の生地を押さえ、反対側を1回、ひねってよりをかけながら円形にし、両端を重ねる。平らにした端の生地でもう片方の端を包む。包んだ生地の両端をつまんで合わせ、しっかり口を閉じる。
最終発酵
12　固く絞ったぬれ布巾をかけてオーブンを使い、40℃で30分を目安に発酵させる。
ゆでる
13　鍋にたっぷりの湯をわかし、はちみつ（分量外）を加える。
14　鍋底に細かい泡が立ったら12を入れ、ベーグルの上下を返しながら30秒ゆでて引き上げる。
15　14をオーブンシートを敷いた天板に並べる。
焼成
16　15に黒ごまとざらめ3gずつをふり、200℃に予熱したオーブンに入れ、15分焼き、天板の前後を入れ替えてさらに6〜7分焼く。
17　焼き上がったらすぐに取り出し、ケーキクーラーなどにのせて冷ます。

もちもち・甘い系　51

ソーセージ粒マスタード

sausage and grain mustard

ソーセージに粒マスタードがピリッと効いたベーグルは男性にも喜ばれそう。食べごたえのあるフィリングは食事にもぴったり。

材料（直径8〜9cm・4個分）
[生地]
A
- 強力粉（春よこい）===270g
- 全粒粉===30g
- 塩===5g
- 三温糖===6g
- インスタントドライイースト===小さじ1/3

はちみつ===6g
水===160g

[フィリング]
粒マスタード===20g
粗挽きソーセージ===80g

[仕上げ]
粗挽き黒こしょう===適量
結晶塩===適量

下準備
＊強力粉と全粒粉を合わせてふるいにかける。
＊ソーセージを1.5cmに切る。

作り方
準備する
1　ボウルにAを入れ、中央にくぼみを作ってはちみつ、水の順に加える。
混ぜる
2　手で混ぜ、粉っぽさがなくなったらひとつにまとめて台の上に移す。
こねる
3　両手で8〜10分ほどしっかりこねて、表面がツルツルとしてきたらこね上がり。生地をひとつに丸くまとめてボウルに移す。
一次発酵
4　3の生地に落としラップ（P33）をし、冷蔵庫で20〜30分生地を休ませる。
分割
5　スケッパーで生地を4分割する。スケールを使い、同じ重さになるように分割する。
6　5の表面が張るように、切り口を下にして丸める。
休ませる
7　6に固く絞ったぬれ布巾をかけて3分ほど室温で休ませる。
成形
8　7を手で軽く押して平らにする。生地のとじ目を上にして台に置き直し、めん棒を使って、長方形にのばす。
9　入れ方C（P8）を参照して生地の奥側に粒マスタード5gとソーセージ20g（5個）くらいを置き、手前に巻いて棒状にする。固く絞ったぬれ布巾をかけて、室温で3分ほど休ませる。
10　9を転がしてのばし、巻き終わりの線を上にして、手の腹で生地の端を押して平らにつぶす。
11　平らにした側の生地を押さえ、反対側を1回、ひねってよりをかけながら円形にし、両端を重ねる。平らにした端の生地でもう片方の端を包む。包んだ生地の両端をつまんで合わせ、しっかり口を閉じる。
最終発酵
12　固く絞ったぬれ布巾をかけてオーブンを使い、40℃で30分を目安に発酵させる。
ゆでる
13　鍋にたっぷりの湯をわかし、はちみつ（分量外）を加える。
14　鍋底に細かい泡が立ったら12を入れ、ベーグルの上下を返しながら30秒ゆでて引き上げる。
15　14をオーブンシートを敷いた天板に並べる。
焼成
16　15に粗挽き黒こしょうと結晶塩をふり、200℃に予熱したオーブンに入れ、15分焼き、天板の前後を入れ替えてさらに6〜7分焼く。
17　焼き上がったらすぐに取り出し、ケーキクーラーなどにのせて冷ます。

もちもち・しょっぱい系　53

ドライトマト、バジル、クリームチーズを組み
合わせてイタリアの国旗をイメージ。ピザのよ
うなフィリングはベーグルにもぴったりです。

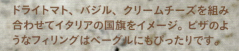

イタリアン
作り方→56ページ

ペパロニチーズ
作り方→56ページ

スパイスを生地に練り込み、ピリッと辛いサラミ、ペ
パロニを巻き込んだホットな味です。チェダーチー
ズはプロセスチーズにかえてもおいしくできます。

白ごまベーコン
作り方→57ページ

white sesame

生地とフィリングに白ごまをたっぷり使い、細切りのベーコンと合わせました。これだけでおかずになるので、朝食にもおすすめです。

bacon

イタリアン

材料　(直径8〜9cm・4個分)
[生地]
A
- 強力粉（春よこい）===270g
- 全粒粉===30g
- 塩===5g
- 三温糖===6g
- インスタントドライイースト===小さじ1/3

はちみつ===6g
水===160g

[フィリング]
フレッシュバジルの葉===16枚
クリームチーズ===60g
ドライトマト===24g（8個）
グリーンオリーブ（種なし）===8個

[仕上げ]
結晶塩===適量
ナチュラルチーズ（細切り）===60g

下準備
＊強力粉と全粒粉を合わせてふるいにかける。

作り方
準備する
1　ボウルにAを入れ、中央にくぼみを作ってはちみつ、水を順に加える。

混ぜる
2　手で混ぜ、粉っぽさがなくなったらひとつにまとめて台の上に移す。

こねる
3　8〜10分ほど両手でしっかりこねて、表面がツルツルとしてきたらこね上がり。生地をひとつに丸くまとめてボウルに移す。

一次発酵
4　3の生地に落としラップ（P33）をし、冷蔵庫で20〜30分生地を休ませる。

分割
5　スケッパーで生地を4分割する。スケールを使い、同じ重さになるように分割する。

6　5の表面が張るように、切り口を下にして丸める。

休ませる
7　6に固く絞ったぬれ布巾をかけて3分ほど室温で休ませる。

成形
8　7を手で軽く押して平らにする。生地のとじ目を上にして台に置き直し、めん棒を使って、長方形にのばす。

9　入れ方C（P8）を参照して生地の半分くらいまでフレッシュバジルの葉4枚を敷き、奥側にクリームチーズ15g、ドライトマト6g（2個）、グリーンオリーブ2個を置き、手前に巻いて棒状にする。固く絞ったぬれ布巾をかけて、室温で3分ほど休ませる。

10　9を転がしてのばし、巻き終わりの線を上にして、手の腹で生地の端を押して平らにつぶす。

11　平らにした側の生地を押さえ、反対側を1回、ひねってよりをかけながら円形にし、両端を重ねる。平らにした端の生地でもう片方の端を包む。包んだ生地の両端をつまんで合わせ、しっかり口を閉じる。

最終発酵
12　固く絞ったぬれ布巾をかけてオーブンを使い、40℃で30分を目安に発酵させる。

ゆでる
13　鍋にたっぷりの湯をわかし、はちみつ（分量外）を加える。

14　鍋底に細かい泡が立ったら12を入れ、ベーグルの上下を返しながら30秒ゆでて引き上げる。

15　14をオーブンシートを敷いた天板に並べる。

焼成
16　15に結晶塩とナチュラルチーズ15gずつをふり、200℃に予熱したオーブンに入れ、15分焼き、天板の前後を入れ替えてさらに6〜7分焼く。

17　焼き上がったらすぐに取り出し、ケーキクーラーなどにのせて冷ます。

ペパロニチーズ

材料　(直径8〜9cm・4個分)
[生地]
A
- 強力粉（春よこい）===270g
- 全粒粉===30g
- 塩===5g
- 三温糖===6g
- インスタントドライイースト===小さじ1/3
- ガラムマサラ===小さじ1/2
- チリパウダー===小さじ1

はちみつ===6g
水===160g
黒炒りごま===小さじ1

[フィリング]
ペパロニ===40g（20〜24枚）
チェダーチーズ（レッド）===48g

[仕上げ]
結晶塩===適量
パルメザンチーズ===適量
黒炒りごま===適量

下準備
＊強力粉と全粒粉を合わせてふるいにかける
＊チェダーチーズは1cm角に切る。

作り方
表記以外はイタリアンを参照して同様に作る。

こねる
3　粉玉がなくなるように両手で5分ほどしっかりこね、入れ方A（P8）を参照し、8割こね上がったら黒ごまを加えてさらに3〜5分ほどこねる。黒ごまが全体に混ざり、表面がツルツルとしてきたらこね上がり。生地をひとつに丸くまとめてボウルに移す。

成形
9　入れ方D（P9）を参照して生地の半分くらいまでペパロニ10g（約5〜6枚）を敷き、チェダーチーズ12gを散らして手前に巻いて棒状にする。固く絞ったぬれ布巾をかけて、室温で3分ほど休ませる。

焼成
16　15に結晶塩とパルメザンチーズ、黒ごまをふり、200℃に予熱したオーブンに入れ、15分焼き、天板の前後を入れ替えてさらに6〜7分焼く。

白ごまベーコン

材料 （直径8〜9cm・4個分）
[生地]
A ┌ 強力粉（春よこい）===270g
  │ 全粒粉===30g
  │ 塩===5g
  │ 三温糖===6g
  └ インスタントドライイースト===小さじ1/3
はちみつ===6g
水===163g
白炒りごま===20g
[フィリング]
クリームチーズ===60g
白炒りごま===16g
ベーコン===48g
[仕上げ]
結晶塩===適量
パルメザンチーズ===適量

下準備
＊強力粉と全粒粉を合わせてふるいにかける。
＊ベーコンは2mm幅くらいの細切りにする。

作り方
準備する
1　ボウルにAを入れ、中央にくぼみを作ってはちみつ、水を順に加える。
混ぜる
2　手で混ぜ、粉っぽさがなくなったらひとつにまとめて台の上に移す。
こねる
3　粉玉がなくなるように両手で5分ほどしっかりこね、入れ方A（P8）を参照し、8割こね上がったら白ごまを加えてさらに3〜5分ほどこねる。白ごまが全体に混ざり、表面がツルツルとしてきたらこね上がり。生地をひとつに丸くまとめてボウルに移す。
一次発酵
4　3の生地に落としラップ（P33）をし、冷蔵庫で20〜30分生地を休ませる。
分割
5　スケッパーで生地を4分割する。スケールを使い、同じ重さになるように分割する。
6　5の表面が張るように、切り口を下にして丸める。
休ませる
7　6に固く絞ったぬれ布巾をかけて3分ほど室温で休ませる。
成形
8　7を手で軽く押して平らにする。生地のとじ目を上にして台に置き直し、めん棒を使って、長方形にのばす。
9　入れ方C（P8）を参照して生地の奥側にクリームチーズ15g、白ごま4g、ベーコン12gを置き、手前に巻いて棒状にする。固く絞ったぬれ布巾をかけて、室温で3分ほど休ませる。
10　9を転がしてのばし、巻き終わりの線を上にして、手の腹で生地の端を押して平らにつぶす。
11　平らにした側の生地を押さえ、反対側を1回、ひねってよりをかけながら円形にし、両端を重ねる。平らにした端の生地でもう片方の端を包む。包んだ生地の両端をつまんで合わせ、しっかり口を閉じる。
最終発酵
12　固く絞ったぬれ布巾をかけてオーブンを使い、40℃で30分を目安に発酵させる。
ゆでる
13　鍋にたっぷりの湯をわかし、はちみつ（分量外）を加える。
14　鍋底に細かい泡が立ったら12を入れ、ベーグルの上下を返しながら30秒ゆでて引き上げる。
15　14をオーブンシートを敷いた天板に並べる。
焼成
16　15に結晶塩とパルメザンチーズをふり、200℃に予熱したオーブンに入れ、15分焼き、天板の前後を入れ替えてさらに6〜7分焼く。
17　焼き上がったらすぐに取り出し、ケーキクーラーなどにのせて冷ます。

もちもち・しょっぱい系　57

part 3
むぎゅむぎゅベーグル

ぐるぐるとねじって成形します。
弾力があり、生地がぎゅっと詰まっているので、
かむほどに小麦のシンプルな味わいが口に広がります。

基本のむぎゅむぎゅプレーンの作り方

材料 （直径9cm・4個分／6個分）

[生地]
A ┌ 準強力粉（タイプER）　　　300g／500g
　├ 塩　　　　　　　　　　　　6g／10g
　├ 三温糖　　　　　　　　　　6g／10g
　└ インスタントドライイースト　小さじ1/3／小さじ1/2
はちみつ　　　　　　　　　　　8g／13g
水　　　　　　　　　　　　　　140g／232g

下準備
＊準強力粉をふるいにかける。

＊写真は6個分ですが、どちらかお好みの個数を選んで作ってください。

粉について

タイプER

準強力粉。強力粉に比べ、タンパク質の含有量が少なく、フランスパンなどのハード系のパンに適した粉。ぎゅっと詰まった食べごたえのある生地に仕上がるのが特徴。

作り方

準備する

1 ボウルにAを入れ、中央にくぼみを作ってはちみつ、水を順に加える。

混ぜる

2 片手でボウルを回しながら、手の腹を使ってしっかり粉をつかみ、体重をかけながら混ぜる（①）。粉っぽさがなくなったらひとつにまとめる。すべり止めマットを敷いた台の上に移す（②）。

こねる

3 両手の親指のつけ根や手の腹を使って、体重を上からしっかりとかけて、生地を折りたたみながら8〜10分ほどこねる（①）。粉玉がなくなり、表面がツルツルとしてきたらこね上がり（②）。

一次発酵

4 生地をひとつに丸くまとめてボウルに移し、落としラップ（生地にラップをぴったりとかけること）をして、冷蔵庫に入れて20〜30分生地を休ませる。こうすると粉と水分がなじんで生地が滑らかになる。

分割

5 台の上に生地を取り出し、スケッパー（P94）を使って生地を6分割する（①）。スケールを使い、生地の全体量を測ってから1個分の重さを割り出し、同じ重さになるように分割する（②）。

6 分割した生地は表面が張るように、切り口を中に入れながら丸める。

休ませる

7 切り口を下にして、6を台に並べ、固く絞ったぬれ布巾をかけて3分ほど室温で休ませる。こうすると生地の余分な力が抜けて成形しやすくなる。

成形

8 3分経ったら、手で軽く押して平らにする（①）。生地のとじ目を上にして台に置き直す（②）。生地の中央から上下にめん棒を使い、13×20cmくらいの長方形にのばす（③）。巻き終わりになる下の部分は薄くなるようにのばしておく（④）。

成形

9 生地の上から手前に向かってくるくると巻く（①）。巻いた生地を両手の親指で押すようにぎゅっと巻いて棒状にする（②）。巻き終わりが下になるように台に並べ、固く絞ったぬれ布巾をかけて、室温で3分ほど休ませる（③）。

成形

10 9を軽く両手で転がしてのばし、巻き終わりの線を上にして、手の腹で片方の生地の端を押して平らにつぶす（①）。つぶした部分の生地が乾いていたら、ぬれ布巾でたたいてしっとりさせる（②）。

成形

11 平らにした側の生地を押さえ、反対側を2〜2.5回、9の巻きと同じ向きにひねってよりをかける（①）。ひねった端を円形にして両端を重ねる（②）。裏返し、平らにした端の生地でもう片方の端を包む（③）。包んだ生地の両端をつまんで合わせ、しっかりと生地を口が閉じるようにする（④）。成形できたところ（⑤）。

最終発酵

12 11をオーブンシートを敷いた天板に置き、固く絞ったぬれ布巾をかけてオーブンの発酵機能を使い、40℃で30分を目安に発酵させる（①）。発酵すると全体にふんわりと膨らむ（②）。

ゆでる

13 口の広い鍋にたっぷりの湯をわかし、はちみつ（分量外）を加えてよく混ぜる。はちみつはお湯1ℓに対して大さじ1を加える。はちみつでコーティングすると、焼いたときに糖分が溶けてきれいな焼き色になる。

ゆでる

14 鍋底に細かい泡が立つようになったらゆでるのに適した温度のサイン（①）。ベーグルをスケッパーでやさしく取り、鍋にどんどん入れる（②）。ここでベーグルが沈む場合は、発酵が足りないため、すぐに湯から引き上げて再度発酵させる。揚げ網でベーグルの上下を返しながら30秒ゆでる。ベーグルの下に網を入れ、反転させるようにやさしく返す（③）。

ゆでる

15 湯から引き上げ、オーブンシートを敷いた天板に並べる。

焼成

16 200℃に予熱したオーブンに入れ、15分焼き、天板の前後を入れ替えてさらに様子を見て6〜7分焼く。天板の位置を変えると焼きムラのないきれいなベーグルになる。

17 焼き上がったらすぐに取り出し、ケーキクーラーなどにのせて冷ます。ベーグルの裏側がきちんと焼けていれば焼き上がり。焼けていない場合はさらに焼き時間を延ばす。冷めたらすぐにラップをかけ、乾燥を防ぐ。

オレンジショコラ

中にはオレンジピールと相性のよいチョコレートがたっぷり。甘さだけでなく、酸味やほろ苦さも感じられる深みのある味わいです。

材料（直径9cm・4個分）
[生地]
A
- 準強力粉（タイプER）===300g
- 塩===6g
- 三温糖===12g
- インスタントドライイースト===小さじ1/3
- ココアパウダー（砂糖不使用）===15g

はちみつ===8g
水===150g

[フィリング]
オレンジピール===72g
クーベルチュールチョコフレーク（P20）===60g

[仕上げ]
ココアクッキー生地（P9）===60g
ざらめ===12g

下準備
＊準強力粉とココアパウダーをふるいにかける。
＊クーベルチュールチョコフレークは使う直前まで冷蔵庫でよく冷やしておく。

オレンジピール
オレンジの皮を砂糖と水で煮詰めたもの。オレンジのさわやかな酸味と濃厚な甘さが特徴。パウンドケーキやチョコレート菓子にもよく使われる。

作り方
準備する
1 ボウルにAを入れ、中央にくぼみを作ってはちみつ、水の順に加える。
混ぜる
2 手で混ぜ、粉っぽさがなくなったらひとつにまとめて台の上に移す。
こねる
3 8～10分ほど両手でしっかりこねて、表面がツルツルとしてきたらこね上がり。生地をひとつに丸くまとめてボウルに移す。
一次発酵
4 3の生地に落としラップ（P59）をし、冷蔵庫で20～30分生地を休ませる。
分割
5 スケッパーで生地を4分割する。スケールを使い、同じ重さになるように分割する。
6 5の表面が張るように、切り口を下にして丸める。
休ませる
7 6に固く絞ったぬれ布巾をかけて3分ほど室温で休ませる。
成形
8 7を手で軽く押して平らにする。生地のとじ目を上にして台に置き直し、めん棒を使って、長方形にのばす。

9 入れ方D（P9）を参照して生地の半分くらいの位置にオレンジピール18g、クーベルチュールチョコフレーク15gを散らし、手前に巻いて棒状にする。固く絞ったぬれ布巾をかけて、室温で3分ほど休ませる。
10 9を転がしてのばし、巻き終わりの線を上にして、手の腹で生地の端を押して平らにつぶす。
11 平らにした側の生地を押さえ、反対側を2～2.5回、ひねってよりをかけながら円形にし、両端を重ねる。平らにした端の生地でもう片方の端を包む。包んだ生地の両端をつまんで合わせ、しっかり口を閉じる。
最終発酵
12 固く絞ったぬれ布巾をかけてオーブンを使い、40℃で30分を目安に発酵させる。
ゆでる
13 鍋にたっぷりの湯をわかし、はちみつ（分量外）を加える。
14 鍋底に細かい泡が立ったら12を入れ、ベーグルの上下を返しながら30秒ゆでて引き上げる。
15 14をオーブンシートを敷いた天板に並べる。
焼成
16 15にココアクッキー生地15gずつとざらめ3gずつをふり、200℃に予熱したオーブンに入れ、15分焼き、天板の前後を入れ替えてさらに6～7分焼く。
17 焼き上がったらすぐに取り出し、ケーキクーラーなどにのせて冷ます。

レモンピールクリームチーズ
作り方→66ページ

シナモンシュガー
作り方→67ページ

レモンピールクリームチーズ

lemon peel
cream cheese

すっきりとした甘さのレモンピールとクリームチーズは相性抜群。食事にもおやつにもよく合うので、お店でも大人気のフレーバーです。

材料（直径9cm・4個分）
[生地]
A ┌ 準強力粉（タイプER）===300g
  │ 塩===6g
  │ 三温糖===6g
  └ インスタントドライイースト===小さじ1/3
はちみつ===8g
水===140g
[フィリング]
レモンピール（市販・P31）===80g
クリームチーズ===60g
[仕上げ]
ざらめ===40g

下準備
＊準強力粉をふるいにかける。
＊レモンピールは細かく刻む。

作り方
準備する
1 ボウルにAを入れ、中央にくぼみを作ってはちみつ、水を順に加える。
混ぜる
2 手で混ぜ、粉っぽさがなくなったらひとつにまとめて台の上に移す。
こねる
3 8〜10分ほど両手でしっかりこねて、表面がツルツルとしてきたらこね上がり。生地をひとつに丸くまとめてボウルに移す。
一次発酵
4 3の生地に落としラップ（P59）をし、冷蔵庫で20〜30分生地を休ませる。
分割
5 スケッパーで生地を4分割する。スケールを使い、同じ重さになるように分割する。
6 5の表面が張るように、切り口を下にして丸める。
休ませる
7 6に固く絞ったぬれ布巾をかけて3分ほど室温で休ませる。
成形
8 7を手で軽く押して平らにする。生地のとじ目を上にして台に置き直し、めん棒を使って、長方形にのばす。
9 入れ方D（P9）を参照して生地の半分くらいの位置にレモンピール20gを散らし、奥側にクリームチーズ15gを置き、手前に巻いて棒状にする。固く絞ったぬれ布巾をかけて、室温で3分ほど休ませる。
10 9を転がしてのばし、巻き終わりの線を上にして、手の腹で生地の端を押して平らにつぶす。
11 平らにした側の生地を押さえ、反対側を2〜2.5回、ひねってよりをかけながら円形にし、両端を重ねる。平らにした端の生地でもう片方の端を包む。包んだ生地の両端をつまんで合わせ、しっかり口を閉じる。
最終発酵
12 固く絞ったぬれ布巾をかけてオーブンを使い、40℃で30分を目安に発酵させる。
ゆでる
13 鍋にたっぷりの湯をわかし、はちみつ（分量外）を加える。
14 鍋底に細かい泡が立ったら12を入れ、ベーグルの上下を返しながら30秒ゆでて引き上げる。
15 14をオーブンシートを敷いた天板に並べる。
焼成
16 15にざらめ10gずつをふり、200℃に予熱したオーブンに入れ、15分焼き、天板の前後を入れ替えてさらに6〜7分焼く。
17 焼き上がったらすぐに取り出し、ケーキクーラーなどにのせて冷ます。

シナモンシュガー

シンプルだからこそ飽きることなく食べられるシナモンシュガー。毎日のベーグルに欠かせない定番のフレーバーです。

材料（直径9cm・4個分）
[生地]
A ┌ 準強力粉（タイプER）===300g
  │ 塩===6g
  │ 三温糖===6g
  └ インスタントドライイースト===小さじ1/3
はちみつ===8g
水===140g
[フィリング]
ざらめ===50g
シナモン===10g
[仕上げ]
ざらめ===40g
シナモン===適量

下準備
＊準強力粉をふるいにかける。
＊フィリングのざらめとシナモンを合わせてシナモンシュガーを作る。

作り方
準備する
1 ボウルにAを入れ、中央にくぼみを作ってはちみつ、水を順に加える。
混ぜる
2 手で混ぜ、粉っぽさがなくなったらひとつにまとめて台の上に移す。
こねる
3 8〜10分ほど両手でしっかりこねて、表面がツルツルとしてきたらこね上がり。生地をひとつに丸くまとめてボウルに移す。
一次発酵
4 3の生地に落としラップ（P59）をし、冷蔵庫で20〜30分生地を休ませる。
分割
5 スケッパーで生地を4分割する。スケールを使い、同じ重さになるように分割する。
6 5の表面が張るように、切り口を下にして丸める。
休ませる
7 6に固く絞ったぬれ布巾をかけて3分ほど室温で休ませる。
成形
8 7を手で軽く押して平らにする。生地のとじ目を上にして台に置き直し、めん棒を使って、長方形にのばす。
9 入れ方D（P9）を参照して生地の半分〜3/4くらいの広めの位置にシナモンシュガー大さじ1を散らし、手前に向かって巻いて棒状にする。固く絞ったぬれ布巾をかけて、室温で3分ほど休ませる。
10 9を転がしてのばし、巻き終わりの線を上にして、手の腹で生地の端を押して平らにつぶす。
11 平らにした側の生地を押さえ、反対側を2〜2.5回、ひねってよりをかけながら円形にし、両端を重ねる。平らにした端の生地でもう片方の端を包む。包んだ生地の両端をつまんで合わせ、しっかり口を閉じる。
最終発酵
12 固く絞ったぬれ布巾をかけてオーブンを使い、40℃で30分を目安に発酵させる。
ゆでる
13 鍋にたっぷりの湯をわかし、はちみつ（分量外）を加える。
14 鍋底に細かい泡が立ったら12を入れ、ベーグルの上下を返しながら30秒ゆでて引き上げる。
15 14をオーブンシートを敷いた天板に並べる。
焼成
16 15にざらめ10gずつをふり、茶こしでシナモンをふりかける。200℃に予熱したオーブンに入れ、15分焼き、天板の前後を入れ替えてさらに6〜7分焼く。
17 焼き上がったらすぐに取り出し、ケーキクーラーなどにのせて冷ます。

むぎゅむぎゅ・甘い系 67

黒豆きな粉

作り方→70ページ

black bean

たっぷりまぶしたきな粉は、「これもベーグル?」と思わせる見た目のサプライズ感もあります。自然な甘さを感じられる黒豆と合わせて。

soybean flour

black sesame

風味の高い黒ごまとあんこ、くるみを合わせた和風の味わいです。ぎゅっと詰まった生地とフィリングがよく合います。

sweet bean paste

黒ごまあんくるみ
作り方→71ページ

みそあんくるみ
作り方→71ページ

miso bean paste

白あんと白みそで作ったフィリングは上品な甘さが魅力です。ローストしたくるみの香ばしさがアクセントになっています。

walnut

黒豆きな粉

材料 （直径9cm・4個分）
[生地]
A
- 準強力粉（タイプER）===300g
- 塩===6g
- 三温糖===6g
- インスタントドライイースト===小さじ1/3

はちみつ===8g
水===140g

[フィリング]
黒豆の甘煮（市販）===80g

[仕上げ]
きな粉===適量
B
- きな粉===25g
- 三温糖===40g
- 塩===少々

下準備
＊準強力粉をふるいにかける。
＊Bをボウルに入れて混ぜておく。

作り方
準備する
1 ボウルにAを入れ、中央にくぼみを作ってはちみつ、水を順に加える。
混ぜる
2 手で混ぜ、粉っぽさがなくなったらひとつにまとめて台の上に移す。
こねる
3 8～10分ほど両手でしっかりこねて、表面がツルツルとしてきたらこね上がり。生地をひとつに丸くまとめてボウルに移す。
一次発酵
4 3の生地に落としラップ（P59）をし、冷蔵庫で20～30分生地を休ませる。
分割
5 スケッパーで生地を4分割する。スケールを使い、同じ重さになるように分割する。
6 5の表面が張るように、切り口を下にして丸める。
休ませる
7 6に固く絞ったぬれ布巾をかけて3分ほど室温で休ませる。
成形
8 7を手で軽く押して平らにする。生地のとじ目を上にして台に置き直し、めん棒を使って、長方形にのばす。
9 入れ方B（P8）を参照して生地の奥側に黒豆20gを置き、手前に巻いて棒状にする。固く絞ったぬれ布巾をかけて、室温で3分ほど休ませる。
10 9を転がしてのばし、巻き終わりの線を上にして、手の腹で生地の端を押して平らにつぶす。
11 平らにした側の生地を押さえ、反対側を2～2.5回、ひねってよりをかけながら円形にし、両端を重ねる。平らにした端の生地でもう片方の端を包む。包んだ生地の両端をつまんで合わせ、しっかり口を閉じる。
最終発酵
12 固く絞ったぬれ布巾をかけてオーブンを使い、40℃で30分を目安に発酵させる。
ゆでる
13 鍋にたっぷりの湯をわかし、はちみつ（分量外）を加える。
14 鍋底に細かい泡が立ったら12を入れ、ベーグルの上下を返しながら30秒ゆでて引き上げる。全体にきな粉をまぶす。
15 14をオーブンシートを敷いた天板に並べる。
焼成
16 200℃に予熱したオーブンに入れ、15分焼き、天板の前後を入れ替えてさらに6～7分焼く。
17 焼き上がったらすぐに取り出し、Bを大さじ1（山盛り）をかけ、ケーキクーラーなどにのせて冷ます。

black bean soybean flour

miso bean paste walnut

black sesame sweet bean paste

黒ごまあんくるみ

材料 （直径9cm・4個分）
[生地]
A ┌ 準強力粉（タイプER）===300g
　│ 塩===6g
　│ 三温糖===6g
　└ インスタントドライイースト===小さじ1/3
はちみつ===8g
水===140g
[フィリング]
黒ごまあん（市販）===100g
くるみ===40g
[仕上げ]
黒すりごま===適量
B ┌ 黒すりごま===25g
　│ 三温糖===40g
　└ 塩===少々

下準備
＊準強力粉をふるいにかける。
＊くるみは160℃のオーブンで10分焼いて冷まし、適当な大きさに手でくだく。
＊Bをボウルに入れて混ぜておく。

黒ごまあん
あんパンのあんに黒ごまの風味が加わったような、パンによく合うあん。あんはいろいろなフレーバーで楽しめる。

作り方
準備する
1　ボウルにAを入れ、中央にくぼみを作ってはちみつ、水を順に加える。
混ぜる
2　手で混ぜ、粉っぽさがなくなったらひとつにまとめて台の上に移す。
こねる
3　8〜10分ほど両手でしっかりこねて、表面がツルツルとしてきたらこね上がり。生地をひとつに丸くまとめてボウルに移す。
一次発酵
4　3の生地に落としラップ（P59）をし、冷蔵庫で20〜30分生地を休ませる。
分割
5　スケッパーで生地を4分割する。スケールを使い、同じ重さになるように分割する。
6　5の表面が張るように、切り口を下にして丸める。
休ませる
7　6に固く絞ったぬれ布巾をかけて3分ほど室温で休ませる。
成形
8　7を手で軽く押して平らにする。生地のとじ目を上にして台に置き直し、めん棒を使って、長方形にのばす。

9　入れ方C（P8）を参照して生地の奥側に黒ごまあん25gとくるみ10gを置き、手前に巻いて棒状にする。固く絞ったぬれ布巾をかけて、室温で3分ほど休ませる。
10　9を転がしてのばし、巻き終わりの線を上にして、手の腹で生地の端を押して平らにつぶす。
11　平らにした側の生地を押さえ、反対側を2〜2.5回、ひねってよりをかけながら円形にし、両端を重ねる。平らにした端の生地でもう片方の端を包む。包んだ生地の両端をつまんで合わせ、しっかり口を閉じる。
最終発酵
12　固く絞ったぬれ布巾をかけてオーブンを使い、40℃で30分を目安に発酵させる。
ゆでる
13　鍋にたっぷりの湯をわかし、はちみつ（分量外）を加える。
14　鍋底に細かい泡が立ったら12を入れ、ベーグルの上下を返しながら30秒ゆでて引き上げる。全体に黒すりごまをまぶす。
15　14をオーブンシートを敷いた天板に並べる。
焼成
16　200℃に予熱したオーブンに入れ、15分焼き、天板の前後を入れ替えてさらに6〜7分焼く。
17　焼き上がったらすぐに取り出し、Bを大さじ1（山盛り）をかけ、ケーキクーラーなどにのせて冷ます。

みそあんくるみ

材料 （直径9cm・4個分）
[生地]
A ┌ 準強力粉（タイプER）===300g
　│ 塩===6g
　│ 三温糖===6g
　└ インスタントドライイースト===小さじ1/3
はちみつ===8g
水===140g
[フィリング]
みそあん（右記）===100g
くるみ===32g
[仕上げ]
くるみ===8粒

下準備
＊準強力粉をふるいにかける。
＊くるみは160℃のオーブンで10分焼いて冷まし、適当な大きさに手でくだく。

作り方
表記以外は黒ごまあんくるみを参照して同様に作る。
成形
9　入れ方C（P8）を参照して生地の奥側にみそあん25gを置き、くるみ8gを重ねるように置き、手前に巻いて棒状にする。固く絞ったぬれ布巾をかけて、室温で3分ほど休ませる。
ゆでる
14　鍋底に細かい泡が立ったら12を入れ、ベーグルの上下を返しながら30秒ゆでて引き上げる。

焼成
16　15にくるみ2粒ずつをしっかり、押し込み、200℃に予熱したオーブンに入れ、15分焼き、天板の前後を入れ替えてさらに6〜7分焼く。

みそあん
材料
白みそ　40g
白あん　80g
作り方
ボウルに材料を入れよく混ぜ合わせる。残りは保存容器に入れ、冷蔵庫で1週間保存可能。

むぎゅむぎゅ・甘い系　71

抹茶大納言クリーム

green tea

red bean cream

和風の抹茶と大納言に洋風のクリームチーズがマッチ。表面に上新粉をつけて焼き上げれば、和菓子のような仕上がりに。

材料 （直径9cm・4個分）
[生地]
A ┌ 準強力粉（タイプER）===300g
  │ 塩===6g
  │ 三温糖===12g
  │ インスタントドライイースト===小さじ1/3
  └ 抹茶===9g
はちみつ===8g
水===147g
[フィリング]
クリームチーズ===60g
大納言あずき===80g
[仕上げ]
上新粉===適量

下準備
＊準強力粉と抹茶をふるいにかける。

作り方
準備する
1 ボウルにAを入れ、中央にくぼみを作ってはちみつ、水の順に加える。
混ぜる
2 手で混ぜ、粉っぽさがなくなったらひとつにまとめて台の上に移す。
こねる
3 8～10分ほど両手でしっかりこねて、表面がツルツルとしてきたらこね上がり。生地をひとつに丸くまとめてボウルに移す。
一次発酵
4 3の生地に落としラップ（P59）をし、冷蔵庫で20～30分生地を休ませる。
分割
5 スケッパーで生地を4分割する。スケールを使い、同じ重さになるように分割する。
6 5の表面が張るように、切り口を下にして丸める。
休ませる
7 6に固く絞ったぬれ布巾をかけて3分ほど室温で休ませる。
成形
8 7を手で軽く押して平らにする。生地のとじ目を上にして台に置き直し、めん棒を使って、長方形にのばす。
9 入れ方C（P8）を参照して生地の奥側にクリームチーズ15g、大納言あずき20gを置き、手前に巻いて棒状にする。固く絞ったぬれ布巾をかけて、室温で3分ほど休ませる。
10 9を転がしてのばし、巻き終わりの線を上にして、手の腹で生地の端を押して平らにつぶす。
11 平らにした側の生地を押さえ、反対側を2～2.5回、ひねってよりをかけながら円形にし、両端を重ねる。平らにした端の生地でもう片方の端を包む。包んだ生地の両端をつまんで合わせ、しっかり口を閉じる。
最終発酵
12 固く絞ったぬれ布巾をかけてオーブンを使い、40℃で30分を目安に発酵させる。
ゆでる
13 鍋にたっぷりの湯をわかし、はちみつ（分量外）を加える。
14 鍋底に細かい泡が立ったら12を入れ、ベーグルの上下を返しながら30秒ゆでて引き上げる。表面に上新粉をつける。
15 上新粉の面を上にしてオーブンシートを敷いた天板に並べる。
焼成
16 200℃に予熱したオーブンに入れ、15分焼き、天板の前後を入れ替えてさらに6～7分焼く。
17 焼き上がったらすぐに取り出し、ケーキクーラーなどにのせて冷ます。

しょうがアップル

ピリッとしたしょうがのシロップ煮と蜜りんごの組み合わせ。しょうがの味がしっかり感じられるヘルシーなベーグルです。

ginger apple

材料（直径9cm・4個分）
[生地]
A ┌ 準強力粉（タイプER）===300g
　├ 塩===6g
　├ 三温糖===6g
　└ インスタントドライイースト===小さじ1/3
はちみつ===8g
水===140g
[フィリング]
しょうがのシロップ煮（下記）===40g
蜜りんご（市販・P24）===100g
[仕上げ]
プレーンクッキー生地（P9）===60g
ポピーシード（黒）===適量

下準備
＊準強力粉をふるいにかける。

しょうがのシロップ煮
材料
しょうが　75g
三温糖　60g
作り方
しょうがは皮をむいてせん切りにし、鍋に入れる。三温糖を加えてよく混ぜ、10分おいてなじませる。水分が出てきたら中火で5分煮て、しょうがに火が通ったら火を止め、そのまま冷ます。残りは保存容器に入れ、冷蔵庫で2週間保存可能。

作り方
準備する
1　ボウルにAを入れ、中央にくぼみを作ってはちみつ、水の順に加える。
混ぜる
2　手で混ぜ、粉っぽさがなくなったらひとつにまとめて台の上に移す。
こねる
3　8〜10分ほど両手でしっかりこねて、表面がツルツルとしてきたらこね上がり。生地をひとつに丸くまとめてボウルに移す。
一次発酵
4　3の生地に落としラップ（P59）をし、冷蔵庫で20〜30分生地を休ませる。
分割
5　スケッパーで生地を4分割する。スケールを使い、同じ重さになるように分割する。
6　5の表面が張るように、切り口を下にして丸める。
休ませる
7　6に固く絞ったぬれ布巾をかけて3分ほど室温で休ませる。
成形
8　7を手で軽く押して平らにする。生地のとじ目を上にして台に置き直し、めん棒を使って、長方形にのばす。

9　入れ方D（P9）を参照して生地の半分くらいの位置にしょうがのシロップ煮を散らし、奥側に蜜りんごを置き、手前に巻いて棒状にする。固く絞ったぬれ布巾をかけて、室温で3分ほど休ませる。
10　9を転がしてのばし、巻き終わりの線を上にして、手の腹で生地の端を押して平らにつぶす。
11　平らにした側の生地を押さえ、反対側を2〜2.5回、ひねってよりをかけながら円形にし、両端を重ねる。平らにした端の生地でもう片方の端を包む。包んだ生地の両端をつまんで合わせ、しっかり口を閉じる。
最終発酵
12　固く絞ったぬれ布巾をかけてオーブンを使い、40℃で30分を目安に発酵させる。
ゆでる
13　鍋にたっぷりの湯をわかし、はちみつ（分量外）を加える。
14　鍋底に細かい泡が立ったら12を入れ、ベーグルの上下を返しながら30秒ゆでて引き上げる。
15　14をオーブンシートを敷いた天板に並べる。
焼成
16　15にプレーンクッキー生地15gずつとポピーシードをふり、200℃に予熱したオーブンに入れ、15分焼き、天板の前後を入れ替えてさらに6〜7分焼く。
17　焼き上がったらすぐに取り出し、ケーキクーラーなどにのせて冷ます。

むぎゅむぎゅ・甘い系　75

マーマレードクリームチーズ

マーマレードとクリームチーズの定番コンビに、ざらめとクッキー生地をのせて、アクセントをプラス。手軽な朝食やおやつタイムにおすすめです。

材料 （直径9cm・4個分）
[生地]
A ┌ 準強力粉（タイプER）=== 300g
  │ 塩 === 6g
  │ 三温糖 === 6g
  └ インスタントドライイースト === 小さじ1/3
はちみつ === 8g
水 === 140g
[フィリング]
クリームチーズ === 60g
マーマレード === 72g
[仕上げ]
プレーンクッキー生地（P9）=== 60g
ざらめ === 12g

下準備
＊準強力粉をふるいにかける。

作り方
準備する
1　ボウルにAを入れ、中央にくぼみを作ってはちみつ、水の順に加える。
混ぜる
2　手で混ぜ、粉っぽさがなくなったらひとつにまとめて台の上に移す。
こねる
3　8～10分ほど両手でしっかりこねて、表面がツルツルとしてきたらこね上がり。生地をひとつに丸くまとめてボウルに移す。
一次発酵
4　3の生地に落としラップ（P59）をし、冷蔵庫で20～30分生地を休ませる。
分割
5　スケッパーで生地を4分割する。スケールを使い、同じ重さになるように分割する。
6　5の表面が張るように、切り口を下にして丸める。
休ませる
7　6に固く絞ったぬれ布巾をかけて3分ほど室温で休ませる。
成形
8　7を手で軽く押して平らにする。生地のとじ目を上にして台に置き直し、めん棒を使って、長方形にのばす。

9　入れ方C（P8）を参照して生地の奥側にクリームチーズ15g、マーマレードジャム18gを重ねるように置き、手前に巻いて棒状にする。固く絞ったぬれ布巾をかけて、室温で3分ほど休ませる。
10　9を転がしてのばし、巻き終わりの線を上にして、手の腹で生地の端を押して平らにつぶす。
11　平らにした側の生地を押さえ、反対側を2～2.5回、ひねってよりをかけながら円形にし、両端を重ねる。平らにした端の生地でもう片方の端を包む。包んだ生地の両端をつまんで合わせ、しっかり口を閉じる。
最終発酵
12　固く絞ったぬれ布巾をかけてオーブンを使い、40℃で30分を目安に発酵させる。
ゆでる
13　鍋にたっぷりの湯をわかし、はちみつ（分量外）を加える。
14　鍋底に細かい泡が立ったら12を入れ、ベーグルの上下を返しながら30秒ゆでて引き上げる。
15　14をオーブンシートを敷いた天板に並べる。
焼成
16　15にプレーンクッキー生地15gずつ、ざらめ3gずつをふり、200℃に予熱したオーブンに入れ、15分焼き、天板の前後を入れ替えてさらに6～7分焼く。
17　焼き上がったらすぐに取り出し、ケーキクーラーなどにのせて冷ます。

ドライカレー

dry curry

ひき肉と野菜を使ったドライカレーのベーグル。揚げていない分、仕上げにチーズを加えてコクをプラス。カレーパンとはひと味違うおいしさです。

材料（直径9cm・4個分）

[生地]
A
- 準強力粉（タイプER）===300g
- 塩===6g
- 三温糖===6g
- インスタントドライイースト===小さじ1/3

はちみつ===8g
水===140g

[フィリング]
ドライカレー（下記）===120g

[仕上げ]
ナチュラルチーズ（細切り）===40g
結晶塩===適量
黒こしょう===適量

下準備
＊準強力粉をふるいにかける。

ドライカレー

材料
合いびき肉　60g
A
- にんじん　20g
- 玉ねぎ　80g
- えのきたけ　50g
- ピーマン　15g

B
- カレーフレーク（好みの辛さ）　大さじ1と1/2
- 中濃ソース　小さじ1
- しょうゆ　小さじ1

サラダ油　大さじ1

作り方
Aはすべて粗みじん切りにする。フライパンにサラダ油を入れて中火にかけ、ひき肉を軽く炒め、Aを加えて水分を飛ばすように炒める。全体に火が通ったらBを加えてさらに水分を飛ばすように炒めて火を止め、冷ます。残りは保存容器に入れ、冷蔵庫で3日間保存可能。

作り方

準備する
1　ボウルにAを入れ、中央にくぼみを作ってはちみつ、水の順に加える。

混ぜる
2　手で混ぜ、粉っぽさがなくなったらひとつにまとめて台の上に移す。

こねる
3　8～10分ほど両手でしっかりこねて、表面がツルツルとしてきたらこね上がり。生地をひとつに丸くまとめてボウルに移す。

一次発酵
4　3の生地に落としラップ（P59）をし、冷蔵庫で20～30分生地を休ませる。

分割
5　スケッパーで生地を4分割する。スケールを使い、同じ重さになるように分割する。
6　5の表面が張るように、切り口を下にして丸める。

休ませる
7　6に固く絞ったぬれ布巾をかけて3分ほど室温で休ませる。

成形
8　7を手で軽く押して平らにする。生地のとじ目を上にして台に置き直し、めん棒を使って、長方形にのばす。

9　入れ方B（P8）を参照して奥側にドライカレー30gを置き、手前に巻いて棒状にする。固く絞ったぬれ布巾をかけて、室温で3分ほど休ませる。

10　9を転がしてのばし、巻き終わりの線を上にして、手の腹で生地の端を押して平らにつぶす。

11　平らにした側の生地を押さえ、反対側を2～2.5回、ひねってよりをかけながら円形にし、両端を重ねる。平らにした端の生地でもう片方の端を包む。包んだ生地の両端をつまんで合わせ、しっかり口を閉じる。

最終発酵
12　固く絞ったぬれ布巾をかけてオーブンを使い、40℃で30分を目安に発酵させる。

ゆでる
13　鍋にたっぷりの湯をわかし、はちみつ（分量外）を加える。
14　鍋底に細かい泡が立ったら12を入れ、ベーグルの上下を返しながら30秒ゆでて引き上げる。
15　14をオーブンシートを敷いた天板に並べる。

焼成
16　15にナチュラルチーズ10gずつをのせ、結晶塩と黒こしょうをふる。200℃に予熱したオーブンに入れ、15分焼き、天板の前後を入れ替えてさらに6～7分焼く。

17　焼き上がったらすぐに取り出し、ケーキクーラーなどにのせて冷ます。

むぎゅむぎゅ・しょっぱい系

― 肉みそねぎ
作り方→82ページ

meat miso

おかずやおつまみとして人気の和惣菜、肉みそを巻き込みました。味のしっかりした肉みそはベーグルとの相性も抜群。

green onion

― 白ごまツナ
作り方→83ページ

white sesame

甘辛く煮たツナ、大葉、のりと合わせたおかずベーグル。白ごまのぷちぷちとした食感も楽しいあっさり味です。

tuna

― 青のりチーズ
作り方→82ページ

green laver

青のりとチーズの取り合わせは、お酒と合わせても楽しめそう。生地とフィリングにも青のりを入れてあるから、香りが増しておいしさを引き立てます。

cheese

肉みそねぎ

材料 （直径9cm・4個分）
[生地]
A ┌ 準強力粉（タイプER）===300g
　│ 塩===6g
　│ 三温糖===6g
　└ インスタントドライイースト===小さじ1/3
はちみつ===8g
水===140g
[フィリング]
肉みそねぎ（下記）===120g
[仕上げ]
パルメザンチーズ===適量
結晶塩===適量

下準備
＊準強力粉をふるいにかける。

肉みそねぎ
材料
長ねぎ1本
鶏むねひき肉230g
塩少々
A ┌ 白みそ70g
　│ 三温糖40g
　│ しょうゆ大さじ2と1/2
　└ 酒大さじ2

作り方
ねぎは2mm程度の輪切りにする。鍋に鶏ひき肉を入れて軽く塩をふり、ねぎ、Aを加えて中火にかけて炒り煮にする。全体に火が通り、水分が飛んだらでき上がり。残りは保存容器に入れ、冷蔵庫で3日間保存可能。

作り方

準備する
1　ボウルにAを入れ、中央にくぼみを作ってはちみつ、水を順に加える。

混ぜる
2　手で混ぜ、粉っぽさがなくなったらひとつにまとめて台の上に移す。

こねる
3　8～10分ほど両手でしっかりこねて、表面がツルツルとしてきたらこね上がり。生地をひとつに丸くまとめてボウルに移す。

一次発酵
4　3の生地に落としラップ（P59）をし、冷蔵庫で20～30分生地を休ませる。

分割
5　スケッパーで生地を4分割する。スケールを使い、同じ重さになるように分割する。
6　5の表面が張るように、切り口を下にして丸める。

休ませる
7　6に固く絞ったぬれ布巾をかけて3分ほど室温で休ませる。

成形
8　7を手で軽く押して平らにする。生地のとじ目を上にして台に置き直し、めん棒を使って、長方形にのばす。

9　入れ方B（P8）を参照して奥側に肉みそねぎ30gを置き、手前に巻いて棒状にする。固く絞ったぬれ布巾をかけて、室温で3分ほど休ませる。
10　9を転がしてのばし、巻き終わりの線を上にして、手の腹で生地の端を押して平らにつぶす。
11　平らにした側の生地を押さえ、反対側を2～2.5回、ひねってよりをかけながら円形にし、両端を重ねる。平らにした端の生地でもう片方の端を包む。包んだ生地の両端をつまんで合わせ、しっかり口を閉じる。

最終発酵
12　固く絞ったぬれ布巾をかけてオーブンを使い、40℃で30分を目安に発酵させる。

ゆでる
13　鍋にたっぷりの湯をわかし、はちみつ（分量外）を加える。
14　鍋底に細かい泡が立ったら12を入れ、ベーグルの上下を返しながら30秒ゆでて引き上げる。
15　14をオーブンシートを敷いた天板に並べる。

焼成
16　15にパルメザンチーズ、結晶塩をふり、200℃に予熱したオーブンに入れ、15分焼き、天板の前後を入れ替えてさらに6～7分焼く。
17　焼き上がったらすぐに取り出し、ケーキクーラーなどにのせて冷ます。

青のりチーズ

材料 （直径9cm・4個分）
[生地]
A ┌ 準強力粉（タイプER）===300g
　│ 塩===6g
　│ 三温糖===6g
　│ インスタントドライイースト===小さじ1/3
　└ 青のり===2g
はちみつ===8g
水===142g
[フィリング]
ナチュラルチーズ===100g
青のり===適量
[仕上げ]
ナチュラルチーズ（細切り）===40g
結晶塩===適量

白ごまツナ

材料 （直径9cm・4個分）
[生地]
A ┌ 準強力粉（タイプER）===300g
  │ 塩===6g
  │ 三温糖===6g
  └ インスタントドライイースト===小さじ1/3
はちみつ===8g
水===142g
白炒りごま===20g
[フィリング]
焼きのり===1枚
大葉===4枚
ツナの甘辛煮（下記）===120g
[仕上げ]
白炒りごま===適量

下準備
＊準強力粉をふるいにかける。
＊焼きのりはおにぎり用と同じサイズに4等分する。

作り方
準備する
1　ボウルにAを入れ、中央にくぼみを作ってはちみつ、水を順に加える。
混ぜる
2　手で混ぜ、粉っぽさがなくなったらひとつにまとめて台の上に移す。
こねる
3　粉玉がなくなるように両手で5分ほどしっかりこね、入れ方A（P8）を参照し、8割こね上がったら白ごまを加えてさらに3～5分ほどこねる。白ごまが全体に混ざり、表面がツルツルとしてきたらこね上がり。生地をひとつに丸くまとめてボウルに移す。
一次発酵
4　3の生地に落としラップ（P59）をし、冷蔵庫で20～30分生地を休ませる。
分割
5　スケッパーで生地を4分割する。スケールを使い、同じ重さになるように分割する。
6　5の表面が張るように、切り口を下にして丸める。
休ませる
7　6に固く絞ったぬれ布巾をかけて3分ほど室温で休ませる。
成形
8　7を手で軽く押して平らにする。生地のとじ目を上にして台に置き直し、めん棒を使って、長方形にのばす。
9　入れ方C（P8）を参照して生地の奥側から焼きのり1枚、大葉1枚、ツナの甘辛煮30gを重ねるように置き、手前に巻いて棒状にする。固く絞ったぬれ布巾をかけて、室温で3分ほど休ませる。
10　9を転がしてのばし、巻き終わりの線を上にして、手の腹で生地の端を押して平らにつぶす。
11　平らにした側の生地を押さえ、反対側を2～2.5回、ひねってよりをかけながら円形にし、両端を重ねる。平らにした端の生地でもう片方の端を包む。包んだ生地の両端をつまんで合わせ、しっかり口を閉じる。
最終発酵
12　固く絞ったぬれ布巾をかけてオーブンを使い、40℃で30分を目安に発酵させる。
ゆでる
13　鍋にたっぷりの湯をわかし、はちみつ（分量外）を加える。
14　鍋底に細かい泡が立ったら12を入れ、ベーグルの上下を返しながら30秒ゆでて引き上げる。表面に白ごまをつける。
15　14のごまをつけた面を上にしてオーブンシートを敷いた天板に並べる。
焼成
16　200℃に予熱したオーブンに入れ、15分焼き、天板の前後を入れ替えてさらに6～7分焼く。
17　焼き上がったらすぐに取り出し、ケーキクーラーなどにのせて冷ます。

下準備
＊準強力粉をふるいにかける。
＊ナチュラルチーズは1cm角に切る（写真）。

作り方
表記以外は白ごまツナを参照して同様に作る。
こねる
3　8～10分ほど両手でしっかりこねて、表面がツルツルとしてきたらこね上がり。生地をひとつに丸くまとめてボウルに移す。
成形
9　入れ方D（P9）を参照して生地の半分くらいの位置まで青のり、ナチュラルチーズ25gを散らして手前に巻いて棒状にする。固く絞ったぬれ布巾をかけて、室温で3分ほど休ませる。
ゆでる
14　鍋底に細かい泡が立ったら12を入れ、ベーグルの上下を返しながら30秒ゆでて引き上げる。
15　14をオーブンシートを敷いた天板に並べる。
焼成
16　15に細切りナチュラルチーズ10gずつをのせ、結晶塩をふる。200℃に予熱したオーブンに入れ、17分焼き、天板の前後を入れ替えてさらに6～7分焼く。

ツナの甘辛煮

材料
ツナ水煮缶　200g
白ワイン　23g
A ┌ 白だし　15g
  │ 三温糖　13g
  └ しょうゆ　8g

作り方
鍋にツナと白ワインを入れ、中火にかけて煮立たせる。Aを加えて水分が飛ぶまで煮詰めて火を止め、冷ます。残りは保存容器に入れ、冷蔵庫で3日間保存可能。

むぎゅむぎゅ・しょっぱい系　83

ベーグルサンド

sandwich

サンドイッチにおすすめのふかふかベーグルを使ったサンド。
生地がしっかりしているベーグルには味がしっかりした存在感のある具材がよく合います。
スイーツもおかずもたっぷりにサンドするのがテコナ流です。

おかず　ベーグルからはみ出るほどのボリュームが嬉しいおかずベーグル。これ1つでお腹も十分に満たされます。食べるときは両手でぎゅっとはさんでいただきましょう。笑顔になること間違いなしです。

ベーコンエッグマッシュポテト

マッシュポテトは炒めた玉ねぎの甘さが隠し味。半熟の目玉焼きとカリカリベーコンが食欲をそそります。朝食にもぴったりのサンドです。

鶏のタイ風サンド

ナンプラーやパクチーの香りが食欲を誘うアジアンサンド。チキンは前日に漬け込んで味をしっかりなじませるのがポイントです。

アボカドとサーモンのサンド

スモークサーモンによく合う玉ねぎのマリネとアボカドをサンド。さっぱりとヘルシーにいただける大人気の組み合わせです。

ベーコンエッグマッシュポテト

材料　（1個分）
ベーグル　ふかふかプレーン（P11）===1個
マッシュポテト
- じゃがいも（中）===2個
- 玉ねぎ===1/2個
- パセリ（粗みじん切り）===小さじ1
- クレイジーソルト===少々
- マヨネーズ===大さじ1と1/2

ベーコン===1枚
サラダ油===適量
卵===1個
塩===少々
黒こしょう===適量
レタス===1枚

下準備
＊じゃがいもは皮をむいて半分に切り、水にさらす。
＊玉ねぎは薄くスライスする。

作り方
1　マッシュポテトを作る。鍋にじゃがいも、水（分量外）、塩をひとつまみ入れ、中火で煮る。串が通るくらいやわらかく煮えたら、湯をきって弱火にかけ、水分を飛ばす。火を止め、木べらで粗くつぶす。
2　フライパンにサラダ油を入れ、中火で玉ねぎを炒める。パセリ、塩ひとつまみ（分量外）を加えてしんなりするまで炒める。
3　1に2を加えて粗熱をとり、マヨネーズ、クレイジーソルトを加えてあえる。残りは保存容器に入れ冷蔵庫で3日間保存可能。
4　中火のフライパンにサラダ油を入れ、ベーコンをカリッと焼く。
5　フライパンを中火で熱してサラダ油を入れ、卵を割り入れ、目玉焼きを作る。仕上げに塩、黒こしょうをふる。
6　ベーグルを上下2等分にカットし、下半分にレタス、3を70g、ベーコン、目玉焼きを順にのせ、上半分のベーグルではさむ。

鶏のタイ風サンド

材料　（1個分）
ベーグル　ふかふかプレーン（P11）===1個
鶏肉のロースト
- 鶏もも肉===100g
- にんにく===1かけ
- ナンプラー===大さじ2
- 赤唐辛子（乾燥）===2本
- 酒===大さじ1

A
- 米酢===大さじ4
- 三温糖===大さじ3
- しょうゆ===小さじ1

サラダ油===適量
卵===1個
パクチー===適量
マヨネーズ===適量
にんじん===70g（1/2本）
大根===120g（1/8本）
塩===適量

下準備
＊にんにくは粗みじん切りにする。
＊赤唐辛子は種を取り除き輪切りにする。
＊パクチーは適当な大きさに切る。

作り方
1　鶏肉のローストを作る。鶏肉は筋を取り、残りの材料といっしょに保存袋に入れ、空気を抜く。冷蔵庫に一晩ねかせ、味をなじませる。
2　にんじんと大根は細めのせん切りにしてボウルに入れ、軽く塩をふってしばらく置く。しんなりしたら手で軽く絞って水をきる。Aを加えて冷蔵庫で一晩味をなじませる。
3　フライパンにサラダ油を入れ、中火で熱して1の皮目を下にして入れる。しっかりした焼き色がついたら裏返し、弱火～で中火で5～6分じっくり火を通す。焼けたら粗熱を冷まし、食べやすい大きさにスライスする。
4　中火のフライパンにサラダ油を入れ、卵を割り入れ、両面焼きの目玉焼きを作る。
5　ベーグルを上下2等分にカットし、下半分に4、3を80g、水気をきった2、パクチーの順に好みの量をのせる。マヨネーズをかけ、上半分のベーグルではさむ。

アボカドとサーモンのサンド

材料　（1個分）
ベーグル　ふかふかプレーン（P11）===1個
アボカド===1/2個
スモークサーモン===40g（3～4枚）
玉ねぎ===1/2個
塩===適量

A
- 米酢===大さじ4
- 三温糖===大さじ3
- ピンクペッパー===5粒

マヨネーズ===適量
黒こしょう===適量

下準備
＊アボカドは皮をむき、大きめの一口大に切る。

作り方
1　玉ねぎは薄くスライスしてボウルに入れ、軽く塩をふってしばらく置く。しんなりしたら手で軽く絞って水をきる。Aを加えて冷蔵庫で一晩味をなじませる。
2　ベーグルを上下2等分にカットし、下半分にマヨネーズ、アボカド、スモークサーモン、水気をきった1の順にのせる。黒こしょうをふり、上半分のベーグルではさむ。

スイーツ

ベーグルと相性のよいクリームチーズを和風、洋風テイストにアレンジ。ドライフルーツやナッツなどを組み合わせれば、食感も楽しめ、バリエーションも広がります。

あんバター塩

コッペパンでは定番のあんことバターの組み合わせ。どこか懐かしく安心する味は、ベーグルにもよく合います。

クランベリーパインクリーム

ドライフルーツで作る自家製ジャムは、ほどよい酸味が味の決め手。パイナップルとココナッツのトロピカルな組み合わせは夏におすすめです。

くるみチョコクリーム

チョコクリームは香りづけのラム酒で深みのある味わいに。くるみとビターなチョコレートで仕上げた大人のチョコサンドです。

あんバター塩

材料 （1個分）
ベーグル　ふかふかプレーン (P10) === 1 個
粒あんクリーム
- クリームチーズ === 200 g
- 粒あん === 200 g
- グラニュー糖 === 25 g

バター（有塩）=== 20 g
粒あん（市販）=== 25 g
結晶塩 === 適量

下準備
＊クリームチーズを室温に戻す。
＊バターは使う直前まで冷蔵庫で冷やし、厚さ 5mm にスライスする。

作り方
1　粒あんクリームの材料をボウルに入れ、ゴムべらでよく混ぜる。残りは保存容器に入れ、冷蔵庫で 3 日間保存可能。
2　ベーグルを上下 2 等分にカットし、下半分にバター、粒あんクリーム 80g、粒あんを順にのせ、結晶塩をふる。上半分のベーグルではさむ。

クランベリーパインクリーム

材料 （1個分）
ベーグル　ふかふかプレーン (P10) === 1 個
パインクランベリージャム
- ドライパイナップル === 100 g
- ドライクランベリー (P39) === 85 g
- グラニュー糖 === 95 g
- オレンジジュース === 85 g
- 白ワイン === 50 g

パインクランベリークリーム
- パインクランベリージャム === 200 g
- クリームチーズ === 200 g

はちみつ === 適量
ココナッツロング === 適量

下準備
＊ドライパイナップルは 1.5cm 角にはさみで切る。
＊クリームチーズを室温に戻す。
＊ココナッツロングは 160℃のオーブンで 8 分焼いて冷ます。

作り方
1　パインクランベリージャムの材料を鍋に入れ、弱火～中火で 15 分ほどコトコト煮る。吹きこぼれに注意しながら、とろっとするまで煮詰める。残りは保存容器に入れ、冷蔵庫で 1 カ月半保存可能。
2　パインクランベリークリームの材料をボウルに入れ、ゴムべらでよく混ぜる。残りは保存容器に入れ、冷蔵庫で 3 日間保存可能。
3　ベーグルを上下 2 等分にカットし、上下の切り口にはちみつを塗る。下半分にパインクランベリークリーム 100g、パインクランベリージャム 40g をのせ、ココナッツロングをふる。上半分のベーグルではさむ。

くるみチョコクリーム

材料 （1個分）
ベーグル　ふかふかくるみ (P14) === 1 個
チョコクリーム
- クリームチーズ === 200 g
- グラニュー糖 === 60 g
- ラム酒 === 5 g
- ココアパウダー（砂糖不使用）=== 13 g
- くるみ === 50 g

クーベルチュールチョコフレーク (P20) === 適量
くるみ === 適量

下準備
＊クリームチーズを室温に戻す。
＊くるみは 160℃のオーブンで 10 分焼いて冷まし、食べやすいサイズにくだく。

作り方
1　ココアパウダーとくるみ以外のチョコクリームの材料をボウルに入れ、ゴムべらで混ぜる。ココアは茶こしでふるいながら加え、さらによく混ぜる。最後にくるみを加えてよく混ぜる。残りは保存容器に入れ、冷蔵庫で 3 日間保存可能。
2　ベーグルを上下 2 等分にカットし、下半分にチョコクリーム 100g、クーベルチュールチョコフレーク、くるみを順にのせ、上半分のベーグルではさむ。

ディップ

dip

おかずディップ

ペッパーサラミ

黒こしょうの香りがサラミを引き立てます。ワインにも合う、おつまみベーグルです。

材料（作りやすい分量）
クリームチーズ=== 80 g
サラミ=== 20 g
クレイジーソルト===少々
黒粒こしょう===少々
好みのベーグル=== 1 個

下準備
＊クリームチーズを室温に戻す。
＊サラミは 5mm角に刻む。

作り方
ボウルにクリームチーズ、サラミ、クレイジーソルトを入れる。ペッパーミルがあればこしょうを挽いて加え（ない場合は挽いたものでもよい）、ゴムべらでよく混ぜる。残りは保存容器に入れ、冷蔵庫で 3 日間保存可能。

エッグピクルス

ディップに使うマヨネーズはやわらかすぎないリアルマヨネーズがおすすめ。ベーグルはプレーンベーグルを合わせました。

材料（作りやすい分量）
ゆで卵=== 1 個
マヨネーズ===大さじ 1 と 1/2
カッテージチーズ===大さじ 1
塩、こしょう===各少々
ピクルス=== 1/2 本
好みのベーグル=== 1 個

下準備
＊ゆで卵は殻をむき、フォークなどで粗くつぶす。
＊ピクルスは 5mm角くらいに刻む。

作り方
ボウルに全ての材料を入れ、ゴムべらでざっくりと混ぜ合わせる。残りは保存容器に入れ、冷蔵庫で保存し、翌日には使い切る。

ドライトマトクリーム

ドライトマトやピンクペッパーのピンク色が鮮やかなディップ。ベーグルはソーセージ粒マスタードを選んでボリュームたっぷりに。

材料（作りやすい分量）
クリームチーズ=== 100 g
ドライトマト（オイル漬け）
　=== 25 g
ピンクペッパー=== 10 粒くらい
好みのベーグル=== 1 個

下準備
＊クリームチーズを室温に戻す。
＊ドライトマトを粗めに刻む。

作り方
ボウルにピンクペッパー以外の材料を入れ、ゴムべらでよく混ぜる。食べるときにディップの上にピンクペッパーをのせる。残りは保存容器に入れ、冷蔵庫で 3 日間保存可能。

ベーグルをおいしくしてくれる名脇役がディップ。いろいろなフレーバーを作り置きしておくと、時間がないときでも、あっという間に食べごたえのあるサンドが作れます。プレーンはもちろん、ディップに合わせてお好みのベーグルと組み合わせるなど、いろいろなバリエーションで楽しんでください。

スイーツディップ

メイプルミルククリームチーズ

お店ではカルピスバターを使っていますが、発酵バターでも代用できます。ドライフルーツ系のベーグルとよく合います。

材料（作りやすい分量）
クリームチーズ=== 230 g
発酵バター=== 150 g
メイプルシュガー=== 75 g
好みのベーグル=== 1 個

下準備
＊クリームチーズと発酵バターを室温に戻す。
作り方
ボウルに材料を入れ、ゴムべらでよく混ぜる。残りは保存容器に入れ、冷蔵庫で3日間保存可能。

モンブランクリーム

栗の味がしっかり残るフランスのサバトン社のマロンペーストを使えばモンブランのような味に。ベーグルはココナッツショコラを合わせて。

材料（作りやすい分量）
マロンペースト=== 240 g（1缶）
バター=== 100 g
ラム酒=== 5g
好みのベーグル=== 1 個

下準備
＊バターを室温に戻す。
作り方
ボウルに材料を入れ、ゴムべらでよく混ぜる。残りは保存容器に入れ、冷蔵庫で4日間保存可能。

ラムレーズンクリームチーズ

ふっくらとラムを含んだレーズンは大人の味。クリームに具材が入っているときは、プレーンベーグルに合わせるのがおすすめです。

材料（作りやすい分量）
ラムレーズン（P25）=== 75 g
クリームチーズ=== 150 g
グラニュー糖=== 27 g
好みのベーグル=== 1 個

下準備
＊クリームチーズを室温に戻す。
＊ラムレーズンは粗く刻む。
作り方
ボウルに材料を入れ、ゴムべらでよく混ぜる。残りは保存容器に入れ、冷蔵庫で3日間保存可能。

テコナベーグルワークスのお話

テコナベーグルワークスは2009年に東京代々木八幡でスタートしました。

その頃から基本のベーグルは「ふかふか」「もちもち」「むぎゅむぎゅ」の3種類。本書ではすべてインスタントドライイーストを使用したレシピですが、お店ではイーストを使うのはふかふかだけ。もちもちはテコナ自家製天然酵母を、むぎゅむぎゅはホシノ天然酵母を使って、3種の食感の違うベーグルを作っています。

テコナベーグルワークスは今年で17年目になりました。

基本のレシピを守りつつ、日々新しいベーグルを生み出し、店を切り盛りし続けているのは店長の小林さん。

ベーグル専門店として、毎日来てもらえる街のパン屋さんのような存在でありたいという想いはあの頃のまま、オープン時には店中たくさんの焼きたてベーグルが所狭しと並ぶ様は圧巻です。

一般的なベーグルのイメージは真ん中に穴のあいたドーナッツのような形。でもテコナのベーグルはたっぷりのクッキー生地やざらめ、チーズがのっているなど、表情豊か。

開店と同時にお客さまが訪れ、閉店時間を待たずに完売してしまうことも少なくありません。

最後の一個までその日のうちにお客さまの手元に届く…その人気を支えているのは、3種類の生地の食感と、毎日食べても飽きることのないテコナらしいさまざまなフレーバーにあります。

「ベーグルを日常食に」と目標をかかげてからテコナは今年で17年目。

地下の小さな店ベーグル屋さんは、あの頃と変わらず、お客さまをお迎えしています。

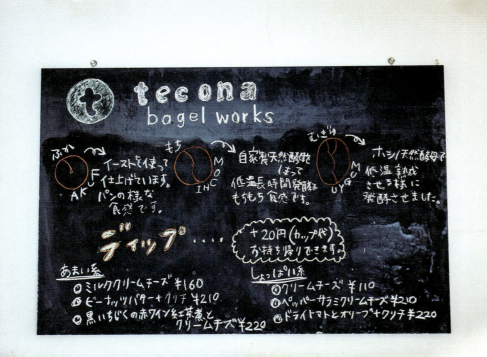

お気に入りに出会えるフレーバーベーグル

店長の小林さんは元パティシエ。ベーグルを口に頬張ったときに感じる香り、歯触り、食感…
スイーツを作ってきた経験を活かしながらテコナらしく、テコナにしかないそんなベーグルを作り続けています。
プレーンベーグルの美味しさはさることながら、フレーバーベーグルは季節の素材をベーグルに合うように、
一手間かけてアレンジしたものなど、生地と具材のバランスがちょうど良く、食べごたえも十分。
甘いベーグルから食事向きのベーグルまで、日替わりも含め 50 〜 60 種類が日々お店にならびます。
この素材をいかすなら「ふかふか」、これなら「もちもち」というように一つ一つ味と食感の組み合わせを大切にしているため、同じフレーバーで生地違いのベーグルを作らないのも、こだわりです。また、本書では、
ご家庭でのベーグルの美味しい食べ方として、オリジナルのディップやサンドイッチレシピも提案しました。

いつも変わらない定番の味に加え、
焼きたてベーグルをその時に選ぶ楽しさや、季節の新しい味に出会えるわくわく感…
お店に来る度に楽しい、これがテコナの魅力です。

調理場から見た店内の様子。
毎日ここからテコナベーグルワークスの一日が始まる。

基本の材料

全てのベーグルに共通する基本の材料です。生地やフィリング作りでよく使う材料は、そろえておくと便利。スーパーで手に入るものばかりなので買い足しもラクです。

1 三温糖
サトウキビを原料とした薄茶色の砂糖。上白糖よりも甘みが強く感じられ、独特の香りがあるため、生地に加えると風味が増す。

2 ざらめ
結晶が1〜3mm程度の大きさの砂糖。焼いても形が残るため、ベーグルの仕上げに使うと食感も楽しめ、飾りとしても重宝する。

3 グラニュー糖
上白糖よりも結晶が大きく、さらさらとしている。クセのない甘みで他の素材の味をじゃましないため、フィリング作りに最適。

4 はちみつ
生地に独特の風味を加える。ベーグルをゆでるときに、湯に入れると生地に甘い膜を作り、焼き色がきれいになる。

5 インスタントドライイースト
ドライイーストに比べ、発酵力が強いから少量でOK。フランス産のサフ（赤）がおすすめ。

6 焼き塩
生地作りには、さらさらとして生地に溶けやすい焼き塩を使用。吸湿性がなく、味もマイルドなので使いやすい。

7 結晶塩
食べたときにシャリッと歯ごたえがあり、塩気が感じられるくらいの結晶の大きさがベスト。種類が豊富なので好みの塩を選んで。

8 クリームチーズ
フィリングやディップなど、ベーグルに欠かせないクリームチーズ。酸味が少なく固さのあるフィラデルフィアや北海道産のリュクスがおすすめ。

9 ラム酒
ドライフルーツの漬け込みや、クリームの香りづけに。ベーグルにはコクと香りが強いマイヤーズのダークラムがよく合う。

10 ブランデー
ドライフルーツの漬け込みに使用。甘さの強いラム酒とはひと味違うすっきりとした香りが特徴。スーパーなど、手に入りやすいものでOK。

基本の道具

ベーグル作りに欠かせない基本の道具です。どれも定番なものばかりなので、1つあるとパン作りだけでなくお菓子作りにも重宝します。

1　こね台
1枚あるとキッチンやテーブルを汚すことなく、こねたり成形したりする作業がはかどる木製のボード。大きさは60×40cmくらいあると作業がスムーズ。

2　スケッパー
生地はちぎって分割すると傷むため、スケッパーを使うのがおすすめ。金属製はカットに、プラスチック製は成形後のベーグルを移動させるのに最適。

3　揚げ網
形が崩れないように、力を入れずに裏返せる揚げ網がおすすめ。ベーグルを引き揚げると同時に湯がきれるので便利。

4　パン切りナイフ
波刃で刃の長さが20cm以上あるナイフがおすすめ。パンを傷めず、切り口もきれいにカットでき、横半分のスライスもしやすい。

5　計量スプーン
本書では大さじ15mmと小さじ5mmを使用。特にインスタントドライイーストを量るときは小さじが必需品。小さじ1/2の計量スプーンがあるとさらに便利。

6　ふるい
粉類の塊を取り除くため、あらかじめふるいにかける。持ち手のついたタイプなら、片手でも使いやすく、作業もはかどる。

7　ボウル
基本的に台の上での作業が多いため、ボウルは大、小2個あれば十分。大は生地を合わせるため、小はフィリングを作るのに使用。

8 オーブンシート	9 めん棒	10 ゴムべら	11 軍手	12 キッチンタイマー
焼成時に天板に生地がつかないようにオーブンシートを敷く。使い捨てだけでなく繰り返し使えるタイプもある。	成形時に生地をのばすのに使用。生地の力が強いため、のばしながら同時にガス抜きができる凹凸のあるめん棒がおすすめ。	クッキー生地を作ったり、クリームチーズなど、フィリングを混ぜ合わせたりするときに使用。へらと持ち手が一体になっているものがおすすめ。力を入れても混ぜやすく、洗いやすい。	焼きたてのベーグルをそのまま持てるから作業効率がアップする。使うときは二重にすると熱さを感じない。	発酵時間を管理するのに使用。季節やその日の天気によっても微妙に発酵時間が異なってくるため、表示時間はあくまでも目安に。

13 デジタルスケール	14 すべり止めマット	15 布巾	16 霧吹き
材料の計量や、生地を等分するときに使う。計量を正確に行なうため、1g〜2kgまで量れるデジタル式のものが便利。	力を入れて生地をこねるため、台が動かないようにテーブルとこね台の間にマットをはさむのがおすすめ。作業が格段とスムーズに。	布巾は水でぬらして固く絞ってから使う。生地を休ませたり、乾きを防いだり、発酵させるときに重宝する。	生地をこねているときや発酵時に乾燥が気になったら、霧吹きで水をかける。生地に直接かけずに、空中に水を吹きかけ、霧状になったものをかけるのがポイント。

レシピ制作

小林千絵（こばやし　ちえ）

大学卒業後、フランスのパリでパティスリーとレストランで修行。幼い頃から好きだった製菓の道に。
帰国後、レストランとカフェのパティシエ、デザートのレシピ開発、技術指導、パティスリーの立ち上げなどに携わる。その後、スペシャルな日の食べ物ではなく、日々の食に関わる仕事がしたいと思い、パティシエを辞め、テコナベーグルワークスの店長として働く。
日々のすべてのベーグル、焼き菓子などのレシピ開発、店の運営を行っている。テコナの店長になって今年で16年目。当初、目標にしていた「ベーグルを日常食に」は少しずつ浸透してきているようなので、次のステップに向けて準備中。

デザイン	高市美佳
写真	清水奈緒
スタイリング	曲田有子
取材	守屋かおる
調理アシスタント	枝松さゆる
校閲	滄流社
編集	櫻岡美佳

tecona bagel works
テコナベーグルワークス
東京都渋谷区富ヶ谷1-51-12　代々木公園ハウスB102
TEL　03-6416-8122
営業時間　11:00〜18:30
　　　　　※売り切れ次第終了
http://tecona.jp
インスタグラムのアカウントは「tecona_bagel_works」

【材料提供】
寿物産株式会社
東京都世田谷区経堂4-30-48
TEL 03-5799-4800　FAX 03-5799-4811
http://www.kotobuki-b.com/

新版 テコナベーグルワークスの
まいにち食べたいベーグルの本
2025年3月20日　初版第1刷発行

著者	テコナベーグルワークス
発行者	角竹輝紀
発行所	株式会社 マイナビ出版
	〒101-0003 東京都千代田区一ツ橋2-6-3　一ツ橋ビル2F
	TEL　0480-38-6872［注文専用ダイヤル］
	03-3556-2731［販売部］
	03-3556-2735［編集部］
	URL　https://book.mynavi.jp

印刷・製本　シナノ印刷株式会社

○本書は『テコナベーグルワークスのまいにち食べたいベーグルの本』（2016年刊）を加筆修正したものです。
○掲載の店内写真および商品価格は2016年のものです。あらかじめご了承ください。
○定価はカバーに記載してあります。
○乱丁・落丁本はお取り替えいたします。
お問い合わせは、TEL：0480-38-6872［注文専用ダイヤル］または、電子メール：sas@mynavi.jpまでお願いします。
○内容に関するご質問等がございましたら、往復はがき、または封書の場合は返信用切手、返信用封筒を同封の上、マイナビ出版編集第3部書籍編集2課までお送りください。
○本書は著作権法上の保護を受けています。本書の一部あるいは全部について、著者、発行者の許諾を得ずに無断で複写、複製することは禁じられています。

ISBN978-4-8399-8866-1
ⓒ 2025　Mynavi Publishing Corporation
ⓒ 2025　tecona bagel works
Printed in Japan